MUSEUM 17

*Per informazioni sulle opere pubblicate
e in programma rivolgersi a:*

Edizioni Terra Santa
Via G. Gherardini 5 - 20145 Milano (Italy)
tel.: +39 02 34592679 fax: +39 02 31801980
http://www.edizioniterrasanta.it
e-mail: editrice@edizioniterrasanta.it

MUSEUM 17

a cura di FULVIA CILIBERTO

TUTELA, STUDIO, VALORIZZAZIONE DI UN PATRIMONIO MUSEALE

Atti della Giornata di Studi
di Archeologia delle Province Romane
"Dal regno di *Iudaea* alla Provincia di *Syria et Palaestina*.
L'archeologia nella Terra Santa"
Isernia, 6 aprile 2011

edizioni terra santa

eTs

Progetto grafico
Elisa Agazzi

Finito di stampare nel settembre 2013
da Corpo 16 - Bari
per conto di Fondazione Terra Santa
ISBN 978-88-6240-184-5

Presentazione

È con vivo piacere che annoto alcune considerazioni di presentazione di questo volume che raccoglie gli interventi tenuti dai relatori della Giornata di Studio di Archeologia delle Province Romane intitolata "Dal Regno di *Iudaea* alla Provincia di *Syria et Palaestina*. L'archeologia nella Terra Santa" nello scorso aprile 2011.

Si tratta di un'iniziativa meritoriamente finanziata dal Dipartimento di Scienze Umane Storiche e Sociali dell'Università degli Studi del Molise che presenta i primi risultati del progetto di inventariazione, catalogazione e di studio dei Beni Archeologici della Custodia di Terra Santa, progetto del quale la Prof.ssa Fulvia Ciliberto condivide la responsabilità scientifica con Padre Eugenio Alliata, Direttore del Museo Archeologico Privato dello *Studium Biblicum Franciscanum*.

È questo il segno di una feconda collaborazione tra il nostro Ateneo ed altre strutture di conservazione e valorizzazione del patrimonio archeologico, testimonianza di una buona capacità di far sistema per mettere in luce beni importanti che costituiscono ricchezze scientifiche di rilievo.

Piace far presente che all'interno del convegno è stato dato, poi, il primo annuncio di un secondo progetto, che dal primo nasce, cioè quello di un approfondimento e della riedizione degli intonaci dipinti e graffiti rinvenuti durante lo scavo della cosiddetta *Insula Sacra* a Cafarnao (presunta casa di Pietro), del quale la Prof.ssa Ciliberto è responsabile scientifico e curatrice della pubblicazione.

L'operosità dei colleghi archeologi della nostra Università è meritevole di grande apprezzamento così come l'impegno da essi profuso per la divulgazione delle conoscenze.

Il volume, che affidiamo all'attenzione dei lettori e del quale va dato merito alla curatrice, è un piccolo tassello dell'attività nel campo dei beni culturali in atto nell'Ateneo sotto il coordinamento del Prof. Paolo Mauriello, preside della Facoltà di Scienze Umane e Sociali.

Prof. Giovanni Cannata
Rettore dell'Università degli Studi del Molise

Premessa

Sono qui raccolte le relazioni tenute durante una giornata di studio dedicata all'Archeologia delle Province Romane, e in particolare alla Provincia di *Syria et Palaestina* (poi *Palaestina I*, *Palaestina II* e *Palaestina Salutaris*), svoltasi il 6 aprile 2011 ad Isernia, presso la sede del Corso di Laurea in Lettere e Beni Culturali dell'Università degli Studi del Molise.

L'iniziativa, che ha potuto godere del sostegno finanziario del Dipartimento di Scienze Umane Storiche e Sociali, è nata dal desiderio di far conoscere il "Progetto di conservazione e valorizzazione del patrimonio culturale della Custodia di Terra Santa", avviato nel 2009 dall'Associazione di Terra Santa (*ATS*), e al quale collaboro per quel che concerne i Beni Archeologici. L'intento è stato quello di avvicinare gli studenti a un ambito del lavoro archeologico meno familiare, e di condividere con i colleghi dell'Università molisana e gli ospiti di altre sedi universitarie, italiane e straniere, i primi risultati di un lavoro ancora lungo, ma promettente. Tutti ringrazio per la numerosa e cordiale partecipazione.

La giornata si è articolata in tre momenti: ha aperto i lavori un'interessante lezione di Padre Eugenio Alliata sull'attività svolta in Terra Santa dalla scuola archeologica dello *Studium Biblicum Franciscanum*, dagli inizi, alla fine del XIX secolo, fino alle più recenti scoperte. Ha fatto seguito la prima relazione, dedicata alla nascita ed allo sviluppo del "Progetto di inventariazione e catalogazione del patrimonio culturale della Custodia di Terra Santa" e alla presentazione degli obiettivi finora raggiunti, grazie alle nuove tecnologie digitali impiegate (Elisabetta Bruno). Infine, sono stati presentati -come esemplificativi- due casi, che mettono ben in evidenza tutta l'utilità, per la ricerca scientifica, per la salvaguardia e per la valorizzazione del patrimonio culturale, di un lavoro, quello della catalogazione, solo all'apparenza arido e ripetitivo. Nel primo caso, è stata proposta una rilettura di un frammento di sarcofago decorato a rilievo con tabella iscritta, giunto a Gerusalemme nella seconda metà dell'Ottocento da Beirut, e peculiare sia per la decorazione che per l'iscrizione (Fulvia Ciliberto - Cecilia Ricci); nel secondo, si rende noto l'avvenuto recupero dei dati di provenienza di un gruppo di lacerti di tessellato policromo, conservati presso il Museo Archeologico Privato dello *Studium Biblicum Franciscanum*, che ha permesso di attribuirli con certezza al loro contesto originario, dove si conserva ancora gran parte della pavimentazione, della quale si avanza una prima proposta di datazione (Daniela Massara).

La giornata di Isernia è stata un'occasione cordiale di dialogo tra specialisti di differenti ambiti, tutti a servizio di un unico progetto.

Desidero, pertanto, ringraziare tutti coloro che hanno contribuito in vario modo alla riuscita di questa iniziativa: la collega Cecilia Ricci, per la continua, preziosa collaborazione e per aver accettato di condividere con me, tra le altre, anche questa avventura; i colleghi Paolo Mauriello, per aver introdotto i lavori e Giorgio Patrizi, per il sostegno dell'iniziativa; Sua Eccellenza Mons. Salvatore Visco, Vescovo di Isernia, per aver messo a disposizione gli spazi del Centro Pastorale presenti all'interno della struttura universitaria, e Mons. Claudio Palumbo per la sua cordiale presenza; il personale tecnico-amministrativo del Dipartimento e della sede di Isernia, per il generoso aiuto nell'organizzazione della giornata, e infine, ma certamente non da ultimo, Padre Eugenio Alliata, per la continua assistenza durante i soggiorni in Israele, per aver voluto onorarci della sua presenza, e per aver accolto gli atti nella collana *Museum* dello *Studium Biblicum Franciscanum* da lui diretta.

Fulvia Ciliberto

Abbreviazioni

Per le *riviste* sono state utilizzate le abbreviazioni dell'*Archäologische Bibliographie*; i titoli di quelle non presenti in tale elenco sono citati per esteso.

A.F.	Archivio Fotografico
c.d.	così detto
cfr.	confronta
CTS	Custodia di Terra Santa
fig. / figg.	figura / figure
fr. / frr.	frammento / frammenti
h	altezza
inv.	inventario
lungh.	lunghezza
ms	manoscritto
n. / nn.	numero / numeri
nt. / ntt.	nota / note
p. / pp.	pagina / pagine
r. / rr.	riga / righe
SBF	*Studium Biblicum Franciscanum*
*SBF*Museum	Museo Archeologico Privato dello *Studium Biblicum Franciscanum*
sp.	spessore
tav. / tavv.	tavola / tavole
vd.	vedi

SOMMARIO

Presentazione 5

Premessa 7

Abbreviazioni 9

Elisabetta Bruno
Conservazione e valorizzazione del patrimonio culturale della Custodia di Terra Santa. L'ausilio delle nuove tecnologie digitali 15

   I. Linee generali del lavoro: finalità, oggetto, metodo 15

   II. La catalogazione del patrimonio storico-artistico ed archeologico 25

   III. Conclusioni 28

      Abbreviazioni bibliografiche 30

Fulvia Ciliberto – Cecilia Ricci
Da Beirut a Gerusalemme: un frammento di sarcofago a ghirlande con *tabula* iscritta 33

   I. La produzione di sarcofagi nella Beirut di età romana: un caso esemplare 33

   II. L'epitaffio anonimo sulla *tabula* ansata del sarcofago 42

      Abbreviazioni bibliografiche 47

Daniela Massara
Dal mosaico bizantino del monastero del *Dominus Flevit* (Gerusalemme) al *Lapidarium* della Flagellazione. Storia di un legame riscoperto 53

   I. Introduzione 53

      Frammenti di mosaico policromo con decorazione geometrica e vegetale (Frr. 1 – 10) 54

      Frammento con epigrafe (Fr. 11) 56

      Il lacerto con treccia policroma (Fr. 12) 57

      L'iscrizione musiva di Betlemme (Fr. 13) 58

   II. Il mosaico dell'Oratorio (ambiente B) 69

   III. Conclusioni 98

      Abbreviazioni bibliografiche 102

Elisabetta Bruno

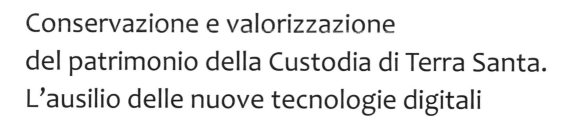

Conservazione e valorizzazione
del patrimonio della Custodia di Terra Santa.
L'ausilio delle nuove tecnologie digitali

Elisabetta Bruno

Conservazione e valorizzazione
del patrimonio culturale della Custodia di Terra Santa.
L'ausilio delle nuove tecnologie digitali

Abstract

   Within the purview promoted by the Custody of the Holy Land for the conservation and valorisation of its cultural heritage, an organic and systematic documentation process was initiated. Awareness of the importance and value of historical sources (whether of documentary, archaeological or iconographic nature) and at the same time the risk of their physical degradation has raised the urgency of promoting a census, with cataloguing and digital recording. From October 2009 to date, over 4000 archaeological finds and 750 works of art have been catalogued in the Museum of the SBF. More then 4000 photographs have been indexed and 20500 digitalized. These results represent only a small step in a process which is still long to go, but the setting, the methodologies and the technical and scientific expertise involved ensure a gradual and systematic development of the documentation process. The cataloguing and digitalization will be used as a tool for a quick search and for an analytical information of the heritage belonging to the Custody of the Holy Land at the service of interested persons, as well as scholars and researchers.

I. Linee generali di lavoro: finalità, oggetto, metodo

1. Lo scopo: promuovere la conoscenza della storia della cristianità in Terra Santa e a Gerusalemme, della storia e dell'esperienza della presenza francescana di otto secoli e dell'opera attualmente svolta dalla Custodia

   La collaborazione con la Custodia di Terra Santa ha avuto inizio nel giugno del 2008 in occasione di una trasferta volta a verificare la fattibilità

Fig. 1. Paolo Gaidano, "San Francesco davanti al sultano Melik al-Kamel", 1898 (Convento di San Salvatore, Gerusalemme)

di un intervento di valorizzazione del vasto e prezioso patrimonio culturale della Custodia.

La storia dei Frati Minori in Terra Santa[1] inizia nel 1217, pochi anni prima del viaggio di San Francesco, con la costituzione della provincia oltremarina che comprendeva la terra natale di Cristo (fig. 1). La custodia di Terra Santa viene istituita nel 1263 e la missione francescana si sviluppa inizialmente in ambito crociato. Quando la città di San Giovanni d'Acri, ultima roccaforte crociata in Terra Santa, cade in mano musulmana (1291) i francescani sono costretti a rifugiarsi a Cipro, ma il loro servizio al Santo Sepolcro è ancora documentato, nonostante le difficoltà, nel periodo fra il 1322 e il 1327. Il ritorno definitivo dei Frati Minori in Terra Santa, col possesso legale di determinati santuari e il diritto d'uso per altri, si deve alla generosità dei Reali di Napoli, Roberto d'Angiò e Sancia di Maiorca che, nel 1333, acquistarono dal Sultano d'Egitto, con la mediazione del frate minore Ruggero Garini, il Santo Cenacolo e il diritto a svolgere celebrazioni al Santo Sepolcro. Stabilirono inoltre che fossero i Frati Minori a godere di tali diritti in nome e per conto della Cristianità. Nel 1342 Papa Clemente VI, con le Bolle *Gratias agimus* e *Nuper carissimæ*, approvò

---

[1] Per un inquadramento generale sull'argomento si vedano PICCIRILLO 1983 e *In Terra Santa* 2000.

Fig. 2. Bolla di Clemente VI "Gratias agimus", 1342 in copia autenticata (Gerusalemme, Archivio Storico CTS).

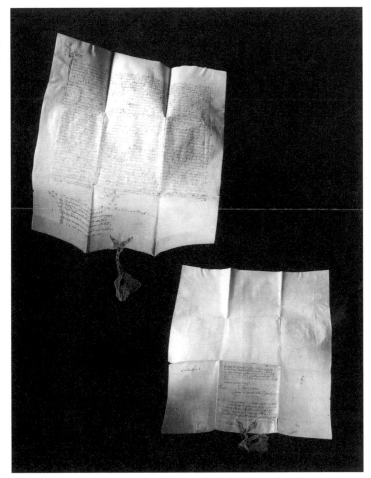

l'operato dei Reali di Napoli e diede disposizioni per la nuova entità. Da allora la vocazione francescana in Terra Santa si articola su tre assi principali: la preghiera nei Luoghi Santi, il servizio ai cristiani del paese e l'accoglienza dei pellegrini.

Questo brevissimo excursus è essenziale per immaginare la rilevanza del patrimonio di documentazione storica conservato dalla Custodia di Terra Santa. Otto secoli di presenza in Terra Santa hanno permesso ai Francescani di costituire un patrimonio importante e vario.

All'interno delle linee d'intervento promosse dalla Custodia di Terra Santa nell'ambito della conservazione e valorizzazione del patrimonio culturale, si è introdotta la possibilità di avviare un'azione specificatamente rivolta alla documentazione dei beni, fonte primaria della conoscenza

Fig. 3. Reperti archeologici (vetro e ceramica) acquisiti dalla Custodia tramite gli scavi dei francescani in Terra Santa (Gerusalemme, SBFMuseum).

storica (fig. 2) e primo passo per la conservazione e valorizzazione del patrimonio culturale.

Di grande rilevanza storica è l'attività di scavo[2] svolta da eminenti archeologici francescani nel corso dei secoli, attività che ha permesso di recuperare le tracce della cristianità e di cui è rimasta una notevolissima documentazione.

La consapevolezza del valore e della ricchezza delle fonti storiche, siano esse documentarie, archeologiche o iconografiche, e al tempo stesso il rischio di degrado fisico dei beni stessi, ha suscitato l'urgenza di promuovere un'attività organica di documentazione, ovvero di censimento, schedatura e riproduzione digitale dei beni.

---

[2] Si vedano in generale *Christian Archaeology* 1990 e *One Land - Many Cultures* 2003, con bibliografia precedente.

Particolare attenzione è stata data sin dal principio al rispetto delle normative internazionali di settore, e alla costituzione di banche dati informatizzate e di teche digitali, fruibili e consultabili, attraverso differenti livelli gerarchici.

2. Obiettivo generale: avvio di un'attività organica e sistematica di documentazione ai fini della conservazione e valorizzazione

Si è cercato sin dall'avvio del progetto di conservare l'orizzonte complessivo del patrimonio della Custodia, pertanto sono stati eseguiti sopralluoghi e analisi inventariali di alcuni dei luoghi più significativi delle presenza francescana a Gerusalemme.

– Archivio Storico del Convento di San Salvatore
– Biblioteca del Convento di San Salvatore
– Sacrestia del Convento di San Salvatore
– Biblioteca dello *Studium Biblicum Franciscanum*
– Museo Archeologico Privato della Flagellazione

Il patrimonio culturale è da intendersi nel suo complesso e anche nella sua eterogeneità, dai beni documentari ai beni librari, dai beni storico artistici ai beni architettonici, dai beni archeologici ai beni demoetnoantropologici, dai documenti sonori ai beni museali.

La diversità di beni e, di conseguenza, la diversità del trattamento da attuarsi non può prescindere dalla visione d'insieme del posseduto. Ogni bene culturale, infatti, è da iscriversi nel suo contesto. Molte sono le relazioni che emergono dall'analisi del posseduto. Tutti gli approfondimenti necessari saranno possibili solo tenendo conto dell'orizzonte totale in cui il bene si colloca.

Per fare un piccolissimo esempio delle possibili e ricche relazioni tra le differenti tipologie di beni, si pensi che presso l'archivio storico del Convento di San Salvatore sono custodite le Cronache e i Diari[3] redatti dai frati francescani, custodi dei luoghi e ospiti dei pellegrini, mentre nella Biblioteca del Convento di San Salvatore sono presenti notevoli libri di viaggio e cronache[4] corredate da splendide mappe topografiche dei primi

---

[3] I diari manoscritti sono conservati presso l'Archivio della Custodia di Terra Santa.

[4] Si vedano per esempio la *Descriptio Terrae Sanctae* di Fra Giovanni da Fedanzola, scritta nel 1330 circa (cfr. DE SANDOLI - ALLIATA 2003), oppure il diario del notaio Nicola de Martoni

Fig. 4. Pagina da Giovanni Zuallardo (1585), Viaggio di Gerusalemme (Gerusalemme, Biblioteca SBF).

Fig. 5. Incisione acquerellata con veduta di Betlemme di P. Ladislaus Mayr, 1749-1752 (Gerusalemme, Biblioteca del Convento di San Salvatore).

Fig. 6. Dalmatica in raso rosso con S. Giorgio, dono della Repubblica di Genova nel 1691 (Gerusalemme, SBF).

Fig. 7. Modellino in madreperla del Santo Sepolcro, XVI secolo (Gerusalemme, SBFMuseum).

pellegrini a Gerusalemme (figg. 4 – 5) e ancora nella Sacrestia del Convento di San Salvatore il tesoro dei paramenti (fig. 6) e degli oggetti liturgici è costituito in gran parte da donazioni di illustri pellegrini, per concludere con gli esempi di rara sensibilità e maestria artigianale costituiti dalle riproduzioni in madreperla del Santo Sepolcro (fig. 7), inviati in tutto il mondo cristiano per coloro che non potevano effettuare il viaggio lungo e rischioso a Gerusalemme.

Il progetto ha come obiettivo generale l'avvio e lo sviluppo di un'attività organica e sistematica di catalogazione e digitalizzazione attraverso l'utilizzo dei più adeguati strumenti tecnologici, consolidati da significative esperienze del contesto italiano.

Grazie alla fattiva collaborazione, alla disponibilità e alla sapiente consulenza di Padre Eugenio Alliata[5], il progetto si è sviluppato in maniera consistente presso il Museo Archeologico Privato situato presso il Convento della Flagellazione, attraverso la schedatura dei reperti archeologici e la digitalizzazione di una parte dell'archivio fotografico.

L'intervento è stato impostato, come detto, nel rispetto delle normative nazionali e internazionali in materia di beni culturali[6], e con l'utilizzo di nuove tecnologie ad essi applicate. Si sono così forniti strumenti di lavoro consolidati e standardizzati che possano essere anche in seguito utilizzati su altre tipologie di beni culturali e costituire così un supporto omogeneo e ordinato di conoscenza del proprio patrimonio per la Custodia di Terra Santa.

3. Obiettivi specifici

3.1 Definizione della metodologia

Conformità alle normative

Come anticipato la conformità alle normative e agli standard è stato il punto di partenza per la pianificazione e la definizione della metodologia operativa.

---

redatto in occasione del suo pellegrinaggio tra il 1394 e il 1395 (cfr. PICCIRLLO 2003).

[5] Direttore del Museo Archeologico Privato dello *Studium Biblicum Franciscanum*.

[6] Si veda *infra*.

La tutela dei beni culturali, risorse di memoria, cultura e storia non può che basarsi sulla piena identificazione e conoscenza del patrimonio documentario e sulla sua conseguente valorizzazione e salvaguardia. Ciò porta alla necessità di identificare con precisione ogni documento da tutelare attraverso una precisa descrizione normalizzata che tenga sempre presente e anzi ponga in rilievo la sua contestualizzazione e le conseguenti relazioni tra gli oggetti. Strettamente legata a quest'operazione è la corretta conservazione fisica e la loro riproduzione digitale.

L'orizzonte unitario che è sotteso all'opera francescana trova ulteriore espressione in queste scelte di indirizzo, quale esito della volontà di uniformare le varie attività di diffusione della cultura a principi comuni di catalogazione, conservazione, studio e valorizzazione del patrimonio.

Si è scelto di adeguarsi alle norme emanate dal Ministero per i Beni e le Attività culturali, in particolare dall'Istituto Centrale per il Catalogo e la Documentazione (ICCD)[7], sia per l'autorità italiana riconosciuta a livello internazionale in materia di Beni Culturali, sia per la natura giuridica stessa della Custodia.

L'utilizzo di un linguaggio standardizzato è garanzia di uniformità e omogeneità nel lavoro e al tempo stesso premessa per un lavoro continuativo destinato a durare oltre la collaborazione del singolo professionista.

Sono state quindi esaminate nel dettaglio le schede RA (Reperto Archeologico) OA (Opera d'Arte) e F (Fotografia) e sono state concordate le modalità di inserimento dei dati in considerazione delle peculiarità geografiche e giuridiche dei beni oggetto del lavoro.

Redazione di linee guida

In questa fase di lavoro essenziale è stato il confronto con Fulvia Ciliberto, docente di Archeologia e Storia dell'Arte Greca e Romana presso l'Università degli Studi del Molise, che ha curato la redazione di linee guida per la schedatura, dirimendo, in accordo con Padre Eugenio Alliata, le questioni più delicate. Tali linee guida hanno costituito la base per il lavoro degli operatori, i quali ad esse sono stati chiamati ad attenersi strettamente e inoltre sono costantemente aggiornate e verificate in relazione alle casistiche particolari che occorrono nel corso del lavoro.

---

7 Cfr. *http://www.iccd.beniculturali.it/*.

3.2 Individuazione degli strumenti adeguati

Hardware e software

Oltre all'impostazione della metodologia di schedatura, si è rivelata molto importante la fase di scelta delle strumentazioni più adeguate per lo svolgimento del lavoro.

Due sono stati i fattori principali cui si è fatto riferimento:

– l'importanza e la ricchezza del patrimonio oggetto del lavoro, che come tale è destinato a proseguire nel tempo e necessita quindi di uno strumento adeguato.
– la lontananza geografica della sede di lavoro rispetto all'Italia e la necessità di un monitoraggio stretto specialmente a inizio lavori.

3.3 Costituzione di momenti formativi

La formazione iniziale e la supervisione del lavoro con controlli di qualità e verifiche sono stati sinora punti fermi mai derogati, come si vedrà in seguito.

4. La scommessa – Stabilità nel tempo

L'adeguamento a normative standard riconosciute a livello internazionale, la redazione di linee guida operative per lo svolgimento del lavoro e l'individuazione della tecnologia (hardware e software) adeguata costituiscono le basi della -per così dire- "scommessa" di questo importante progetto: ovvero la sua prosecuzione nel tempo, anche indipendentemente dagli attori coinvolti.

II. La catalogazione del patrimonio storico-artistico ed archeologico

1. Standard

Gli standard impiegati per quel che riguarda i dati catalografici sono basati sulle normative emesse da parte del Ministero per i Beni e le Attività Culturali – Istituto Centrale per il Catalogo e la Documentazione, in particolare per le Schede RA (Reperto Archeologico), OA (Opera d'Arte), F (Fotografia).

Per quel che riguarda le fotografie, le immagini master sono state memorizzate utilizzando il formato TIFF (*Tagged Image File Format*). Questo formato costituisce uno standard di riferimento per la creazione di immagini digitali di alta qualità e non prevede compressione.

Le immagini, per la gestione del flusso di lavoro e per possibili usi di distribuzione in rete, sono state inoltre memorizzate nel formato JPEG (*Joint Photographic Experts Group*). Le immagini JPEG sono state create utilizzando un software per il trattamento delle immagini in grado di importare immagini TIFF ed esportare immagini JPEG.

La definizione dei parametri di acquisizione è determinata da molteplici fattori, tra cui le dimensioni dell'originale, la quantità di dettagli in esso presenti, l'uso che si vuole fare delle immagini e non ultimo dalle caratteristiche tecniche del sistema di acquisizione[8].

Per la conservazione dei documenti fotografici ci si è rifatti alle "Linee Guida sulla Conservazione del Materiale Fotografico" (*International Federation of Library Association and Institutions*).

2. Tecnologia

Hardware

Per la digitalizzazione delle fotografie si è scelto di utilizzare uno scanner EPSON *Perfection* V750 PRO, scanner piano a colori, risoluzione ottica massima 9600 dpi, dimensione massima di scansione per opachi A4

---

[8] I parametri utilizzati sono stati: risoluzione spaziale da un minimo di 800 a un massimo di 6400 ppi; profondità di colore pari a 24 bit per pixel.

(216x297 mm) e 203x254 mm per trasparenti, con esposizione automatica ottimizzata. Si è cercato il miglior equilibrio tra velocità di esecuzione (la scansione di un negativo di dimensioni "medie" 6 x 6 cm necessità all'incirca di 6 minuti con il nostro scanner, quelli che hanno una maggior risoluzione arrivano ad impiegare 15/20 minuti per immagine) e qualità dell'immagine ottenuta.

Software - Catalogazione web based

ArtIn XML (figg. 8 – 9) è una piattaforma di *data-entry multistandard* per schede catalografiche e si propone nella versione "ArtIn XML w/b" (sistema per la catalogazione multistandard in versione *web-based*).

È un solo programma per tutti i tipi di scheda e questo facilita il lavoro e la formazione degli schedatori. Essendo *web based* permette di svolgere alcune fasi di lavoro a distanza. È un software semplice ed abbastanza intuitivo, ovviamente in misura maggiore per chi conosce il linguaggio della catalogazione.

La peculiarità di ArtIn XML risiede nell'indipendenza dalle normative catalografiche che è in grado di gestire. Il sistema infatti è progettato in modo da accogliere e gestire qualsiasi schema di normativa sottoforma di file XML. La soluzione adottata fa sì che eventuali personalizzazioni o future versioni di un tracciato in standard ICCD e di altre tipologie di schemi potranno essere facilmente gestite dal sistema.

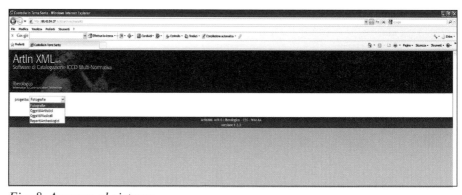

Fig. 8. Accesso al sistema.

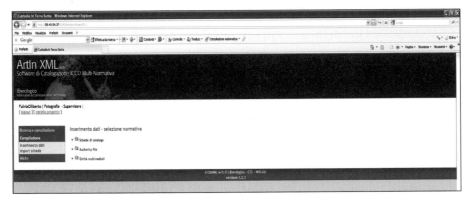

Fig. 9. Inserimento dati.

3. Attività svolte: avvio del progetto

Dal giugno 2008 all'ottobre 2009, anche attraverso ulteriori trasferte e progettazione svolta in Italia, sono state sviluppate le seguenti attività:

a) Preliminari

– analisi della documentazione e ricognizione inventariale (consistenza, struttura, stato di conservazione, ecc.) al fine di definire gli strumenti più idonei per la digitalizzazione e la catalogazione;
– ricerca di momenti di collaborazione e confronto con tutte le Istituzioni interessate dal progetto, accademiche, formative, tecnico-specialistiche;
– progettazione, acquisizione e messa in opera degli strumenti informatici necessari all'intervento.

b) Ottobre 2009 (attività svolte in loco).

Avvio dell'attività di catalogazione:
– Installazione e configurazione del software
– Formazione all'utilizzo del software
– Redazione delle linee guida per la schedatura

Avvio dell'attività di riproduzione digitale:
– Acquisizione delle attrezzature informatiche (hw, sw, storage) e dello scanner per l'avvio dei lavori
– Redazione delle linee guida per l'acquisizione digitale

4. Attività svolte: sviluppo del progetto

Dall'ottobre 2009 si è proceduto a:

a) Importazione di schedature pregresse nel software di catalogazione adottato
b) Importazione di riproduzioni digitali relative ai beni archeologici
c) Prosecuzione dell'attività di schedatura dei beni archeologici, svolta attraverso la collaborazione di stagisti e neo laureati, sotto la supervisione della Prof.ssa Fulvia Ciliberto
d) Digitalizzazione di documenti fotografici
e) Sviluppo e allineamento del software

III. Conclusioni

Dall'ottobre 2009[9] sono stati catalogati oltre 4000 reperti archeologici, 750 opere d'arte e oggetti musicali, sono state indicizzate 4800 fotografie e digitalizzate 20500. Tali risultati costituiscono solo un piccolo gradino di una scala ancora alta da percorrere, ma l'impostazione, le metodologie e le professionalità tecniche e scientifiche coinvolte garantiscono un procedere graduale e sistematico della documentazione. La catalogazione e digitalizzazione saranno utili strumenti per la ricerca rapida e completa di informazioni e la conoscenza analitica del patrimonio della Custodia da parte di persone interessate, studiosi e ricercatori che avranno la possibilità di consultare il catalogo a diversi gradi a seconda dei permessi di accesso accordati dal gestore e responsabile ultimo del database.

La completezza progettuale sarà raggiunta con la definizione delle modalità di utilizzazione o della cosiddetta strategia di fruizione. È attualmente allo studio un progetto completo di rinnovamento museale anche attraverso l'impiego di avanzate tecnologie multimediali. Quello che manca davvero

---

[9] Al momento della della consegna del lavoro per gli Atti, nel dicembre 2012, la quantità di reperti catalogati ha raggiunto il numero di 4.215.

a Gerusalemme è una narrazione sintetica e facilmente fruibile del tempo di Gesù e della comunità cristiana delle origini inserita nell'epoca erodiana e la ricostruzione dei luoghi della passione di Cristo come apparivano all'epoca in modo da contestualizzare i racconti evangelici avvalorandoli con nozioni storiche e archeologiche. Quello che manca, ancora, è la storia della Custodia di Terra Santa senza la quale non sarebbe possibile oggi il pellegrinaggio ai luoghi santi del cristianesimo. Conoscere la storia della Custodia per un pellegrino è incontrare quell'esperienza di presenza nei luoghi santi che li ha preservati fino a lui. Le due esperienze possono essere realizzate contemporaneamente e dislocate sullo stesso asse topografico: la Via Dolorosa che parte dalla Flagellazione, giunge al Santo Sepolcro e termina a San Salvatore.

Il percorso potrà essere sviluppato attraverso supporti interattivi per la fruizione di contenuti digitali, postazioni multimediali per la consultazione di archivi di immagini, video e audio, audio guide di nuova generazione per una visita personalizzata.

I documenti e gli oggetti, che per ragioni di conservazione vengono proposti in riproduzione digitale, saranno, grazie alla campagna di schedatura effettuata, corredati da un'ampia gamma di informazioni, a diversi livelli di lettura, per rispondere alle esigenze di un pubblico diversificato.

Grazie alla possibilità di effettuare relazioni e contestualizzazione dei beni documentati di cui si accennava all'inizio, si potranno realizzare ricostruzioni di tipo virtuale relative al contesto, alla storia, alla società, fruibili tramite supporti tecnologici multimediali.

La prospettiva dunque è ampia e interessante e rende ancora più necessaria la continuità del lavoro di documentazione.

Abbreviazioni bibliografiche

Christian Archaeology 1990
G. C. Bottini - L. Di Segni - E. Alliata (a cura di), *Christian Archaeology in the Holy Land. New Discoveries. Archaeological Essays in Honour of Virgilio C. Corbo*, Jerusalem 1990.

DE SANDOLI - ALLIATA 2003
S. De Sandoli - E. Alliata (traduzione italiana e note a cura di), *Fra Giovanni di Fedanzola da Perugia (1330 ca). Descriptio Terrae Sanctae* (ms. Casanatense 3876), edizione del manoscritto a cura di U. Nicolini - R. Nelli, Jerusalem 2003.

In Terra Santa 2000
M. PICCIRILLO (A CURA DI), *Dalla Crociata alla Custodia dei Luoghi Santi*, catalogo della mostra (Milano 2000), Firenze – Milano 2000.

One Land - Many Cultures 2003
G. C. Bottini - L. Di Segni - L. D. Chrupcała (a cura di), *One Land - Many Cultures. Archaeological Studies in Honour of Stanislao Loffreda ofm*, Jerusalem 2003.

PICCIRILLO 1983
M. Piccirillo (a cura di), *La Custodia di Terra Santa e l'Europa. I rapporti politici e l'attività culturale dei Francescani in Medio Oriente*, Roma 1983.

PICCIRILLO 2003
M. Piccirillo (a cura di), *Io notaio Nicola de Martoni. Il pellegrinaggio ai Luoghi Santi da Carinola a Gerusalemme 1394-1395* (Bibliothèque Nationale N. 6521 du Fonds Latin), Jerusalem 2003.

Fulvia Ciliberto - Cecilia Ricci

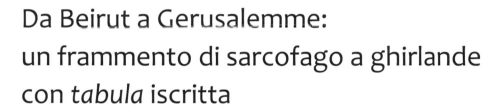

Da Beirut a Gerusalemme:
un frammento di sarcofago a ghirlande
con *tabula* iscritta

Fulvia Ciliberto – Cecilia Ricci

Da Beirut a Gerusalemme:
un frammento di sarcofago a ghirlande
con *tabula* iscritta

Abstract

The archaeological heritage in the Private Museum of the Studium Biblicum Franciscanum includes a wide variety of unique Roman finds: among them a fragment of a sarcophagus with garlands and carved inscription tablet stands out for its distinctive features. The sarcophagus comes from the city of Beyruth or its neighbouring areas, and reached Jerusalem in the second half of the XIX century. While the sarcophagus inscription was known since a long time, more recent is the study of its form and decorations, dating back to 1970 thanks to the contribution of Father Alejandro Recio Veganzones. Developments in the sarcophagi's research from the '70s to the present called for a re-examination of the piece, with a new interpretation and dating.

The sarcophagus's tablet contains a short text in verse, an invitation to the deceased to take comfort in the fate without pain of his widow and children. In the text, personal or professional data don't appear; it isn't therefore possible to identify the recipient of the sarcophagus.

I. – La produzione di sarcofagi nella Beirut di età romana: un caso esemplare

Tra il ricco e interessante materiale di età romana parte del patrimonio del Museo Archeologico Privato dello *Studium Biblicum Franciscanum*, ha attirato l'attenzione, per alcune peculiari caratteristiche, un frammento di sarcofago con tabella iscritta (fig. 1). Mentre l'iscrizione è nota da lungo tempo[1], il pezzo, per quanto riguarda l'analisi formale e quella dell'apparato decorativo, ha ricevuto il suo primo e unico studio appena nel 1970, grazie all'interesse di Padre Alejandro Recio Veganzones[2]. Nonostante ciò, il progredire della ricerca nella conoscenza di questa classe di materiale, dagli anni Settanta del Novecento a oggi, è stata tale da rendere necessario un riesame del monumento.

---

[1] Per quanto riguarda il testo e la bibliografia relativa, si rimanda alla seconda parte del presente contributo, redatta da C. Ricci.

[2] Vd. Recio Veganzones 1970.

Fig. 1. Gerusalemme. Convento della Flagellazione, cortile. Frammento di sarcofago a ghirlande (Foto E. Alliata).

Il frammento proviene da Beirut o, meno probabilmente, dai suoi dintorni[3], e deve essere giunto a Gerusalemme tra il 1863 e il 1869[4], presso la sede dell'allora Consolato di Francia, poi di Prussia, dove ancora si trovava nella primavera del 1970, quando lo vide P. Recio Veganzones. Esso, infatti, si trovava murato nella facciata di una casa, detta "casa Kamar" dal nome della famiglia che la abitava negli anni Settanta del '900[5] (fig. 2), parte di un gruppo di abitazioni tra via "Aqabat et-Takiyeh (Khaski Sultan)" al numero 17 e la Via Dolorosa, all'altezza circa della VI stazione della *via crucis*, altrimenti detta "dar el qonsul", proprio in quanto vi ebbe sede il Consolato di Francia prima e quello di Prussia poi. In seguito, l'area

---

[3]   A riguardo, si rimanda a quanto osservato da C. Ricci più sotto alla p. 45, con nt. 38.

[4]   Come già osservato in Recio Veganzones 1970, p. 119, nt. 2, l'informazione è deducibile da W. H. Waddington, che riporta la notizia sia di aver fatto copiare il testo dell'iscrizione per suo conto nel 1862, sia del trasferimento del pezzo a Gerusalemme, che quindi deve essere avvenuto prima della pubblicazione del suo lavoro, edito nel 1870 (cfr. Waddington 1870, p. 443, n. 1854a).

[5]   In basso, sotto la finestra, a destra rispetto alla porta (fig. 2). Oggi è ancora possibile visitare il posto, ma la casa, avendo ricevuto delle ristrutturazioni, non è più così come appare nella fotografia di archivio. Ringrazio P. E. Alliata per avermi dato l'occasione di visitare il quartiere.

Fig. 2. Gerusalemme. Immagine di "casa Kamar" negli anni Settanta del '900, con il frammento di sarcofago a ghirlande murato nella facciata (SBFMuseum A. F., cartella 9).

passò in proprietà della Custodia di Terra Santa, e in un momento non precisabile, ma sicuramente posteriore al 1970 e grazie all'interessamento di P. Recio Veganzones[6], il pezzo fu trasportato al Convento della Flagellazione e collocato dove ora si trova esposto, e cioè nel cortile del complesso di fronte all'entrata del Museo Archeologico Privato dello *Studium Biblicum Franciscanum*[7].

---

[6] Cfr. RECIO VEGANZONES 1970, p. 137.

[7] Non è stato possibile risalire al momento esatto di tale trasporto, in quanto nelle *Cronache* del museo redatte fino al 1973 dall'allora direttore del museo, Padre Augustus Spijkerman, il sarcofago non è segnalato. Molto probabilmente il pezzo fu sistemato nel cortile del Convento durante i lavori di ristrutturazione del museo, condotti negli anni Ottanta del Novecento da Padre Michele Piccirillo, successore di Padre Spijkerman, e che nel 1981 investirono anche l'area del cortile. A riguardo vd. BOTTINI - LUCA 2010, pp. 75-76: il pezzo non viene citato qui esplicitamente; tuttavia, visto che il cortile, da allora fino ad oggi, non ha più subito cambiamenti, ne consegue che in quella circostanza venne sistemato anche il sarcofago in esame.

Fig. 3. Semilavorato a ghirlande del Proconneso. Disegno (da Koch 1993, fig. 93).

Fig. 4. Semilavorato a ghirlande del Proconneso. Disegno: 1. Stato semilavorato; 2-3. Differenti modi di rifinitura del rilievo (da Koch 1993, fig. 94).

Si conservano i due terzi circa di uno dei lati lunghi della cassa di un sarcofago in marmo, decorato a rilievo[8] (fig. 1).

Il coronamento, costituito -dal basso verso l'alto- da un profilo convesso, uno concavo e da una fascia piatta, tutti inornati, è separato dalla parete di fondo della cassa da una leggera sporgenza. La decorazione mostra -a partire dall'estremità sinistra- resti di un rilievo di forma arcuata e di un nastro svolazzante verso destra, per chi guarda. Segue la testa alata di una Gorgone dalla capigliatura lunga e folta, che si dispone ai lati del volto, al di sotto del quale rimane parte dei serpentelli annodati. A destra di questa, si trova la figura stante di un erote nudo, visto di prospetto, con la gamba sinistra tesa e leggermente obliqua, mentre la destra è piegata al ginocchio, raffigurato in atto di sostenere sulla spalla destra due grandi ghirlande di foglie. Della testa, impostata su un alto collo, si intravvede ancora la capigliatura ricca di riccioli, che inquadravano il volto, ormai abraso. Del braccio destro, completamente nascosto dalla ghirlanda di sinistra, rispetto all'osservatore, è ancora visibile unicamente la mano poggiata su questa, della quale rimane solo il manicotto, un tratto dell'arco costituito da foglie di alloro e un tratto del nastro svolazzante verso sinistra, per chi guarda. Il braccio destro, invece, è leggermente piegato e scostato dal corpo, mentre la mano sembra reggere un grappolo d'uva. L'erote, dotato di due grandi ali aperte, disposte ai lati del capo, poggia su una basetta, della quale rimane visibile unicamente lo spigolo superiore destro, rispetto all'osservatore.

Segue una seconda ghirlanda, sempre di alloro, arricchita al centro da un fiore a sei petali, con i pistilli disposti a raggiera e terminanti in globetti; al di sotto, pende un enorme grappolo d'uva. Nell'arco formato dalla ghirlanda meglio conservata, si trova una *tabula* iscritta con cornice a doppio listello ed anse triangolari, decorate con un'*hedera* eseguita ad incisione. Presso l'estremità destra del frammento, all'altezza della ghirlanda, si notano i resti di un piccolo grappolo d'uva, tenuto dalla mano destra, conservata fino al polso, di un secondo erote, che si trovava a destra della tabella, simmetrico a quello conservato. Nello spazio tra gli eroti e la *tabula* svolazzano, disponendosi in modo simmetrico, le estremità di due nastri. Si nota, infine, lungo il margine superiore uno

---

[8] Senza inv. n. Misure (cm): h 78; lungh. 125; sp. parete 13,5; sp. rilievo 3,5. Marmo bianco a grana grossa, con ogni probabilità di Proconneso. Manca tutta l'estremità sinistra, lo zoccolo di base, con parte della porzione inferiore della parete, e tutta la parte a destra della tabella, per chi guarda. La superficie del rilievo presenta ancora abbondanti resti della malta, con la quale era cementato nel muro, e numerose sbrecciature ed abrasioni, che compromettono la lettura di alcuni dettagli, quali ad esempio i volti della Gorgone e dell'erote. Bibliografia: RECIO VEGANZONES 1970; KOCH-SICHTERMANN 1982, p. 565, sotto nt. 60.

stretto listello rilevato, impiegato per fissare il coperchio alla cassa[9]. Il lavoro, eseguito a solo scalpello, è ricco di dettagli, come ad esempio le piume semilunate e le penne digradanti nelle ali sia della Gorgone sia dell'erote, e mostra una certa organicità e plasticità nella resa del rilievo, che risulta, tuttavia, irrigidito dalle profonde incisioni, che lo definiscono.

Nonostante lo stato frammentario, ciò che rimane permette facilmente il riconoscimento del pezzo: infatti, grazie alla presenza della *tabula*, del listello superiore per il fissaggio del coperchio e del tipo di decorazione, è possibile identificarlo con il lato principale di un sarcofago a ghirlande, che già Guntram Koch inserì in un piccolo gruppo di semilavorati importati a Beirut dal Proconneso e rifiniti in loco[10]. L'ipotesi appare confortata anche dalla qualità del marmo impiegato, che sembra appunto proconnesio[11], e da alcune caratteristiche della decorazione, che rimandano senza dubbio a questa produzione[12], quali il numero ricostruibile di tre ghirlande, che ornano i lati lunghi, ed i motivi decorativi all'interno delle lunette, cioè la tabella in quella centrale del lato principale ed i *Gorgoneia* in quelle laterali. Anche le figure che sostengono le ghirlande sono quelle ricorrenti sui sarcofagi del Proconneso, e cioè gli eroti, inseriti canonicamente all'interno, mentre presso gli angoli della cassa si trovano Vittorie alate (figg. 3-4,3); in effetti, è possibile integrare, senza dubbio, con una figura di Nike, il resto di rilievo arcuato presso l'estremità sinistra del frammento, che costituisce ciò che resta dell'ala della Vittoria, che sosteneva la ghirlanda presso l'angolo della cassa.

Totalmente estraneo alla tradizione di bottega sia proconnesia sia più genericamente microasiatica risulta, invece, il tipo di coronamento: esso, infatti, replica con esattezza quello dei sarcofagi attici più

---

[9]   Misure (cm): h 2,8; sp. 4.

[10]   KOCH-SICHTERMANN 1982, p. 365.

[11]   A riguardo vd. sopra nt. 8. Essendo la Siria priva di cave di marmo, il pezzo, ad ogni modo, deve necessariamente essere stato importato.

[12]   In generale per i sarcofagi microasiatici si veda KOCH-SICHTERMANN 1982, pp. 476-557; KOCH 1993, pp. 113-122 (Docimio), 147-191; KOCH 2010; KOCH 2011, al quale si rimanda per la completa ed aggiornata bibliografia sul tema. Per quanto riguarda la produzione dei semilavorati a ghirlande vd. KOCH-SICHTERMANN 1982, pp. 484-497; KOCH 1993, pp. 147, 162-168; KOCH 2010, pp. 120-123; KOCH 2011, pp. 13-15. In particolare per i sarcofagi proconnesi cfr. KOCH-SICHTERMANN 1982, pp. 486-492; KOCH 1993, pp. 163-165; KOCH 2010, p. 120; KOCH 2011, pp. 13, 15.

Fig. 5. Atene. Museo Archeologico Nazionale. Sarcofago attico a ghirlande, inv. n. 1191 (da ROGGE 1993, tav. 47,1).

antichi[13], costituito appunto da un kyma ionico, un profilo concavo ed una fascia piatta, che nella prima fase della produzione (140/150 d.C.) rimangono inornati[14], come mostra, ad esempio, un esemplare con ghirlande ad Atene[15] (fig. 5). La certezza che sia stato copiato proprio un esemplare attico è ulteriormente rafforzata dalla presenza di due piccoli, ma fondamentali dettagli: uno consiste nella lieve sporgenza della parete della cassa, subito sotto il coronamento; una caratteristica tipica della produzione attica e ad essa limitata[16], che raramente viene ripresa nelle copie, come in questo caso. Il secondo è costituito dalla presenza del listello rilevato lungo il bordo superiore della cassa, che nei sarcofagi attici era impiegato per fissare il coperchio, non fermato da grappe metalliche[17].

---

[13] In generale sui sarcofagi attici vd. KOCH-SICHTERMANN 1982, pp. 366-475; KOCH 1993, pp. 97-112. In particolare per la tettonica e l'ornamentazione vd. ROGGE 1993.

[14] KOCH-SICHTERMANN 1982, p. 369; KOCH 1993, p. 108; ROGGE 1993, p. 112.

[15] Museo Archeologico Nazionale (inv. n. 1191), per il quale vd. KOCH-SICHTERMANN 1982, pp. 438, n. 4 con bibliografia precedente; ROGGE 1993, p. 112, tav. 47,1.

[16] GABELMANN 1973, pp. 16, 24.

[17] KOCH-SICHTERMANN 1982, p. 371.

L'analisi del monumento viene penalizzata non poco dalla perdita degli altri lati della cassa ed in particolare dello zoccolo di base; ciò nonostante, il sarcofago di Gerusalemme può essere considerato con certezza come il prodotto di una bottega locale, che ha rifinito un semilavorato a ghirlande importato a Beirut dal Proconneso, mischiando caratteristiche di differenti produzioni, la microasiatica e l'attica.

Quanto finora osservato appare in perfetto accordo con quanto si conosce finora della produzione di sarcofagi nella Siria di età romana[18]. In questa Provincia, infatti, oltre a un'abbondante produzione locale, numerosa risulta l'importazione di sarcofagi di altre fabbriche, tra i quali spiccano per quantità gli esemplari attici[19], mentre, tra i semilavorati a ghirlande, quelli del Proconneso[20]. Nota è anche la dipendenza della produzione locale di sarcofagi a ghirlande da modelli per lo più microasiatici[21], come pure la pratica delle officine siriane di mutuare singoli elementi di altre botteghe e mescolarli tra loro[22], come ben dimostra il pezzo in esame.

Infine, per ciò che concerne la datazione del pezzo, non ricavabile da dati di contesto o di scavo e nemmeno da osservazioni di carattere tecnico-stilistico, vanno tenute presenti alcune considerazioni di valore generale. Da una parte, si deve tener conto che l'introduzione in Siria dell'uso dei sarcofagi decorati a rilievo è attribuita proprio all'importazione degli esemplari attici, presenti nella provincia già intorno al 150 d.C.[23]; dall'altra, che, sebbene non si conosca quando termini esattamente la produzione locale, si nota una forte riduzione di questa nel III secolo e non si conoscono esemplari locali contemporanei ai numerosi sarcofagi attici importati nella seconda metà del III sec. d.C.[24]. Si ricorda, poi, che l'inizio della produzione dei semilavorati a ghirlande del Proconneso, per quanto sia ancora da definire con precisione, è ad ogni modo attestata con certezza almeno a partire dalla metà del II sec. d.C., e che nessun esemplare noto supera la

---

[18] Per una sintesi generale sulla produzione di sarcofagi in Siria vd. KOCH-SICHTERMANN 1982, pp. 560-572; KOCH 1993, pp. 193-197.

[19] Per l'importazione dei sarcofagi attici in Siria vd. KOCH-SICHTERMANN 1982, pp. 467, 469, 470, 562, fig. 7; KOCH 1993, pp. 111-112, 193; LINANT DE BELLEFONDS 1985 e le relative recensioni di BARATTE 1988 e DAVIES 1988

[20] KOCH-SICHTERMANN 1982, pp. 490, 572; KOCH 1993, pp. 164, 194; KOCH 2010, pp. 121, 122; KOCH 2011, pp. 15.

[21] KOCH-SICHTERMANN 1982, p. 572; KOCH 1993, p. 194.

[22] KOCH-SICHTERMANN 1982, p. 572; KOCH 1993, p. 193.

[23] KOCH-SICHTERMANN 1982, p. 562; KOCH 1993, p. 193.

[24] KOCH-SICHTERMANN 1982, p. 572.

metà del III secolo[25]. Il pezzo in esame, quindi, andrà collocato tra la metà del II e, al più tardi, la metà del III sec. d.C.

La possibilità di puntualizzare maggiormente la datazione è offerta dal tipo di coronamento, che -come già richiamato- imita quello dei sarcofagi attici più antichi, datati intorno al 140/150 d.C. circa, mentre già nella fase successiva della produzione (150-180 d.C.) i profili si arricchiscono e vengono decorati a rilievo[26]. Oltre a ciò, va osservato che l'impiego del profilo concavo tra il kyma ionico e la fascia piatta ha breve durata e che, a parte qualche eccezione, dopo la metà del II secolo scompare e viene sostituito dal kyma lesbio[27].

A questo punto, per quanto si voglia tener conto del cosiddetto ritardo provinciale nell'avvio da parte delle botteghe locali dell'attività di imitazione degli esemplari attici importati, ed attribuire l'assenza di decorazione a rilievo nei profili del coronamento a quella semplificazione, che tende solitamente a caratterizzare i contesti periferici rispetto al centro di produzione[28], non sembra ad ogni modo proponibile una datazione successiva al II secolo, visto che a partire dal 180 d.C., con l'introduzione dei coperchi a kline, inizia anche quel processo di trasformazione dei profili superiori della cassa dei sarcofagi attici, che porterà intorno al 200 d.C. alla loro fusione in un unico profilo arcuato[29]. Per giustificare una datazione in pieno III secolo[30], si dovrebbe supporre -e non so su quali basi- la scelta volutamente retrospettiva di imitare un modello ben più antico da parte del committente oppure della bottega.

Per questo motivo ed in base a tutte le osservazioni fatte, si avanza una proposta di datazione per il pezzo in esame preferibilmente intorno al 170/180 d.C. o, al più tardi, nell'ultimo quarto del II sec. d.C. Una datazione che rientra senza problemi all'interno dell'arco cronologico proposto qui di seguito per il testo epigrafico.

Fulvia Ciliberto

---

[25] Koch-Sichtermann 1982, p. 491; Koch 1993, pp. 164-165.

[26] Koch-Sichtermann 1982, pp. 370; Koch 1993, p. 108; Rogge 1993, p. 112.

[27] Vd. Rogge 1993, p. 112.

[28] A riguardo vd. Ciliberto 2009.

[29] Koch-Sichtermann 1982, p. 370; Rogge 1993, pp. 116-120.

[30] La datazione tra il 215 ed il 270 d.C., proposta in Recio Veganzones 1970, p. 137, è chiaramente dovuta alla poca conoscenza che a quel tempo si aveva di questa classe di monumenti funerari in generale.

II. – L'epitaffio anonimo sulla *tabula* ansata del sarcofago
(Waddington 1870, p. 443, nr. 1854a = Peek 1955, p. 420, nr. 1412; Peek 1960, n. 264; Recio Veganzones 1970, pp. 127-129, nr. II)

Sulla fronte del sarcofago è presente, grosso modo in posizione centrale, una targa quadrangolare con cornice a doppio listello (19 x 26 x 3,5 cm; lett. 1,2 – 1,8 cm). Ai lati della targa sono due ampie anse (apertura compresa tra 3,5 e 5 cm); al centro dell'ansa di sinistra, meglio conservata, è un'*hedera* di grandi dimensioni (5 cm) (fig. 6).

Per l'origine e l'attuale conservazione del pezzo, si rinvia alla sezione descrittiva del monumento (*supra*, pp. 33-35). Autopsia 18/7/2011.

Il testo sulla targa è il seguente:

Θάρσει. Τέθνη=
κας γὰρ ἀπενθή(ς)
τοῖς ἐπὶ τέκνοις
ζώουσαν προλι=
πών ἣν ἐπόθεις
ἄλοχον.

Traduzione: *"Sta' su, perché sei andato via senza dolore, lasciando in vita dietro di te, (riguardo) ai (tuoi) figli, una moglie che adoravi"*.

Il testo, che presenta un'interlinea regolare di 1 cm, è inquadrato assialmente: le rr. 1-2 e 4-5 sono cioè allineate sia a destra che a sinistra, mentre le rr. 3 e 6 sono centrate rispetto ai bordi. Elementi di separazione tra le parole costituiti da piccoli triangoli sono visibili in particolare alle prime due righe. Le lettere epsilon e sigma hanno sempre forma lunata. La lettera theta (rr. 1, 2, 5) ha forma di ovale allungato.

L'iscrizione che, come giustamente nota Padre Recio Veganzones[31], non è confluita in nessuno dei principali *corpora* di iscrizioni greche[32], è

---

[31] Recio Veganzones 1970, p. 128, nt. 11.

[32] Non compare infatti nel volume III del *CIG* (J. Franz, 1853), dedicato alle iscrizioni *extra Graeciam* (*IG*, come è noto, non è mai arrivato a includere il Vicino Oriente), né in alcun volume del *SEG*. L'iscrizione non è stata vista o, cogliendone l'estraneità rispetto alla città che è luogo di conservazione, ma non di provenienza del sarcofago, correttamente non è stata inserita tra le iscrizioni di Gerusalemme da Thomsen 1922. La più grande collezione delle iscrizioni del Vicino Oriente, le *Inscriptions Grecques et Latines de la Syrie* (*IGLS*), pubblicate a partire dal 1929 per l'iniziativa di padre Louis Jalabert, non è ancora arrivata a comprendere *Berytus*, cui è dedicata buona parte del volume VIII/1, di prossima uscita, a

Fig. 6. Gerusalemme. Convento della Flagellazione, cortile. Frammento di sarcofago a ghirlande, dettaglio della tabella con l'iscrizione (Foto E. Alliata).

però compresa nelle sillogi degli epigrammi in lingua greca di Peek e in quella, specificamente dedicata agli epitaffi su pietra del Vicino Oriente, di Merkelbach e Stauber (come indicato *supra*, nci conguagli).

Il nostro testo fa parte della ben nota categoria dei testi parlanti, diretti cioè al passante per invitarlo a fermarsi e a riflettere sul destino degli uomini o del defunto in particolare. In questo caso però il sarcofago si rivolge al defunto stesso, che dovrebbe trarre conforto[33] dal fatto che l'amata moglie (ἄλοχος), divenuta vedova, è ancora in vita, e dunque i figli non sono lasciati soli. Per la verità, la lettura della parte finale della r. 2 e di quella iniziale della riga successiva resta ambigua: si può leggere tanto ἀπενθήτοι, con un rimando a capo (cfr. rr. 2 e 4), riferito ai figli "che non soffrono, non (sono) addolorati"; quanto ἀπενθή(ς) τοῖς,

_____

cura di Jean-Paul Rey-Coquais e Julien Aliquot. Approfitto per ringraziare il dott. Aliquot e il dott. J.-B. Yon per la gentilezza e la sollecitudine con le quali hanno risposto alla mia richiesta di informazioni sul nostro sarcofago.

[33] Nella raccolta di Peek, l'appello al defunto (Θάρσει) con cui esordisce il breve epigramma, è ricordato solo in relazione al nostro documento (nell'indice, a p. 17). Per le occorrenze, frequenti, dell'appello, seguito o meno dal nome del defunto, una buona selezione è proposta da RECIO VEGANZONES 1970, p. 129, nt. 12.

separando cioè l'aggettivo (nominativo singolare maschile) dall'articolo (dativo plurale maschile), e riferendo il primo al padre "che muore senza sofferenza, tranquillo", proprio perché lascia i figli con la madre. Si è qui proposta, nella traduzione, la prima soluzione, già adottata da Renan (1864, p. 347) e successivamente respinta da Padre Recio Veganzones a favore della seconda alternativa: ci sembra infatti che tale opzione, pur implicando lo scioglimento di una lettera omessa alla fine della r. 2, soddisfi maggiormente i requisiti di coesione e coerenza del testo. Va detto comunque che il senso complessivo del messaggio non muta sostanzialmente, per qualsiasi delle due letture si preferisca optare.

Nella recente raccolta di epigrammi funerari curata da Merkelbach e Stauber (2002), Beirut è rappresentata con ben sei epigrammi in lingua greca, tutti di epoca piuttosto avanzata (IV-V secolo della nostra era, se non addirittura di epoca bizantina)[34]. Tutti, tranne uno (il nr. 2, un pavimento a mosaico), ricordano sempre il nome del defunto o del dedicante. Soltanto uno di essi non è troppo distante, nei toni, dal nostro, anche se la sua cronologia è decisamente posteriore. Si tratta di un appello al passante, inciso su una tavola marmorea[35]; non sfugge l'allusione all'assenza di dolore, provocato o subito dal defunto, che rappresenta un elemento di analogia tra l'epitaffio di *Paratus* e quello del nostro anonimo. Le differenze tra i due tuttavia non sono poche: l'appello per *Paratus* (il nome del quale è indicato per ben due volte) è rivolto al passante e non al defunto stesso; la celebrazione delle sue virtù, e in particolare della sua *pietas*, lo avvicina piuttosto alle iscrizioni della necropoli di Tiro, con l'esaltazione delle qualità degli abitanti che operavano nella prospera città mercantile (vd. più avanti)[36].

---

[34] MERKELBACH - STAUBER 2002, pp. 264-267, nn. 1-6. Per un confronto con le città limitrofe e culturalmente affini della *Syria et Palaestina*, gli epigrammi di Sidone sono 9, di Tiro 4, di Byblos soltanto 1.

[35] MERKELBACH - STAUBER 2002, p. 267, n. 5 (= PEEK 1955, p. 553 nr. 1840): "Passante, fermati e ascolta chi giace qui. Un uomo buono, considerato, semplice e onesto, un buon amico, che ha dato prova a tutti della sua arte e della sua affidabilità, che mai ha provocato dolore a qualcuno, mai ne ha sofferto per i figli; il suo nome è *Paratus*, così era chiamato da tutti. Non fu afflitto da una pesante malattia, ma per la sua pietà gli fu lieve la morte. *L. Iulius Paratus* visse 42 anni, 8 mesi, 15 giorni".

[36] Nella ricca documentazione che la città di Tiro offre, il numero dei sarcofagi o dei loculi anonimi supera tuttavia di gran lunga quello delle sepolture di cui conosciamo i titolari. E nella maggioranza dei casi non troviamo le classiche formule che per noi sono spia della presenza del cadavere (θάρσει ο ἐνθάδε κεῖται). Vd. i lavori di REY-COQUAIS, ricordati più avanti, alla nt. 40.

Stupisce nel nostro testo l'assenza di qualsiasi elemento anagrafico (formula onomastica del defunto, dei figli o della moglie; anni di vita; origine; mestiere ecc.); esso consiste infatti nella sola esortazione rivolta al defunto, racchiusa in un distico isolato[37]. Né è possibile acquisire informazioni grazie al contesto di rinvenimento del sarcofago che, con ogni probabilità, non proviene da scavi sistematici. I dati a nostra disposizione si limitano a una generica provenienza da Beirut, forse (recuperando la notizia del trasferimento a Gerusalemme insieme alla base onoraria per il console del 344 *Flavius Domitius Leontius*; e quanto sappiamo sulle aree a destinazione funeraria in quest'epoca)[38] dall'attuale centro urbano piuttosto che dal territorio circostante.

Nelle aree necropolari della *Berytus* romana, per quanto gli scavi hanno sinora potuto evidenziare, è riflessa una diversità di tipologie monumentali (dalle tombe a camera, piccole o grandi, con loculi a parete o sarcofagi, ai pozzi sepolcrali, alle cavità scavate nella roccia), con inumazione ampiamente diffusa[39]. È possibile individuare, pur nelle specificità locali, elementi di affinità rispetto all'uso delle aree corrispondenti nelle città di Sidone e Tiro[40], analogamente abitate da commercianti, attivi nella produzione e nella commercializzazione di stoffe pregiate, in particolare sete damascate e broccati[41].

Solo lo studio approfondito della documentazione funeraria e delle necropoli di Beirut potrà collocare il nostro breve epitaffio di anonimo nel suo preciso quadro di riferimento, cronologico e culturale. In assenza di indizi onomastici e formulari, gli unici elementi utili per la data-

---

[37] Assai ricorrente di per sé negli epigrammi funerari, anche in area siriana, come dimostra la cospicua sezione loro dedicata del volume di PEEK 1960.

[38] "Gli abitanti di *Berytus* seppellivano i loro morti alle pendici delle colline di Ashrafieh e di Ras Beyrouth, a sud della città romana, almeno tra il I e il IV secolo d.C.". L'area sepolcrale era collocata al di fuori delle mura cittadine o ai margini della città, come tutti i cimiteri di quest'epoca (DE JONG 2001-2002, p. 302).

[39] STUART 2001-2002, pp. 98-107; KRAG 2011, pp. 2-7: "le scarne testimonianze mostrano che ci fu una forte continuazione della più antica cultura indigena con influenze romane marginali, ma è difficile tracciare lo scambio" (DE JONG 2001-2002, p. 312).

[40] Per i sarcofagi di Tiro, rinvio a WARD-PERKINS 1969. Le iscrizioni della necropoli di Tiro sono state pubblicate e studiate a più riprese da REY-COQUAIS 1977, 1979a, 1979b, 1986, 1996, 2006, 2007.

[41] Sui commerci di Beirut, fondamentali i lavori decennali svolti dall'equipe archeologica inglese e soprattutto da Paul Reynolds: mi limito a ricordare REYNOLDS 1997-1998, 2000 e 2007, con altra bibliografia; JONES HALL 2001-2002, in particolare pp. 151-156, con un quadro risultante dalle fonti letterarie; ARNAUD 2001-2002, interessante soprattutto per il tentativo di rintracciare attraverso la documentazione archeologica, numismatica ed epigrafica i segni di una 'diaspora' mediterranea dei *Beritenses* in epoca imperiale.

zione sono il linguaggio poetico e le grandi *hederae distinguentes*, puro elemento di decorazione, incise sulle anse della *tabula*. Tali elementi sono compatibili con la tipologia del sarcofago e con quanto sappiamo della vita della colonia romana[42] e inducono a un inquadramento del nostro epitaffio in un arco cronologico compreso tra gli ultimi decenni del II secolo d.C. e il primo trentennio del secolo successivo (più definito rispetto alla datazione a cavallo tra II e III secolo, proposta da Peek 1955).

Cecilia Ricci

---

[42] Dopo la fase erodiana, *Berytus* vive, come è noto, un periodo di particolare promozione e prosperità in epoca severiana (MILLAR 1990 e 1993). Il volume 13, 2001-2002 dell'*Aram Periodical*, qui più volte citato, è tutto dedicato alla storia e all'archeologia di Beirut. Un quadro generale è offerto da JONES HALL 2004.

Abbreviazioni bibliografiche

ARNAUD 2001-2002
P. Arnaud, *Beirut: commerce and trade (200 B.C. – AD 400)*, in *Beirut. History and Archaeology* 2001-2002, pp. 171-191.

BARATTE 1988
F. Baratte, recensione a Linant De Bellefonds 1985, in *Syria* 65/3, 1988, pp. 466-469.

Beirut. History and Archaeology 2001-2002
Beirut. History and Archaeology, in *Aram Periodical* 13, 2001-2002 (numero monografico).

BOTTINI - LUCA 2010
G. C. Bottini - M. Luca, *Michele Piccirillo francescano archeologo. Tra scienza e Provvidenza*, Milano 2010.

CIG
A. Boeckh, *Corpus Inscriptionum Graecarum*, Berolini 1828-1877.

CILIBERTO 2009
F. Ciliberto, *Botteghe di sarcofagi in età romana. Due casi a confronto: Messene e Aquileia*, in V. Gaggadis-Roben - A. Hermary - M. Reddé - C. Sintes (a cura di), *Les ateliers des sculpture régionaux. Technique styles et iconographie*. Actes du Xe Colloque Internationale sur l'Art Provincial Romain (Arles et Aix-en-Provence 2007), Arles 2009, pp. 229-237.

DAVIES 1988
G. Davies, recensione a Linant De Bellefonds 1985, in *Journ. Hell. Stud.* 108, 1988, pp. 269-270.

DE JONG 2001-2002
L. de Jong, *Aspects of Roman burial practices in Beirut. A Romanization and cultural Exchange*, pp. 293-312, in *Beirut. History and Archaeology* 2001-2002, pp. 293-312.

GABELMANN 1973
H. Gabelmann, *Die Werkstattgruppen der oberitalischen sarkophage*, Bonn 1973.

IG
Inscriptiones Graecae, Berolini 1903-

*IG*²
Inscriptiones Graecae, editio minor, Berolini 1913 -

JONES HALL 2001-2002
L. Jones Hall, *Beirut through the Classical texts: From* Colonia *to* Civitas, in *Beirut. History and Archaeology* 2001-2002, pp. 141-169.

JONES HALL 2004
L. Jones Hall, *Roman Berytus: Beirut in Late Antiquity,* London-New York 2004.

Koch 1993
    G. Koch, *Sarkophage der römischen Kaiserzeit*, Darmstadt 1993.

Koch 2010
    G. Koch, *Sarkophage der römischen Kaiserzeit in der Türkei. Ein Überblick (mit einer Bibliographie)*, in *Adalya* 13, 2010, pp. 111-182.

Koch 2011
    G. Koch, *Sarcofagi di età imperiale romana in Asia Minore: una sintesi*, in F. D'Andria - I. Romeo (a cura di), *Roman sculpture in Asia Minor*, Portsmouth (Rhode Island) 2011, pp. 9-29.

Koch - Sichtermann 1982
    G. Koch - H. Sichtermann, *Römische Sarkophage*, München 1982.

Krag 2011
    S. Krag, *Funerary Patterns in Lebanon – From the Bronze Age to the Roman Period*, in *Cultural Background* (*Agorà* 8, 2011, numero monografico), pp. 2-7.

Linant De Bellefonds 1985
    P. Linant De Bellefonds, *Sarcophages attiques de la nécropole de Tyr: une étude iconographique*, Paris 1985.

Merkelbach - Stauber 2002
    R. Merkelbach - J. Stauber, *Steinepigramme aus dem griechischen Osten. Bd. 4: Die Südküste Kleinasiens, Syrien und Palaestina*, München-Leipzig 2002.

Millar 1990
    F. Millar, *The Roman* Coloniae *of the Near East: A Study of Cultural Relations*, in H. Solin - M. Kajava (edd.), *Roman Eastern Policy and Other Studies*, Helsinki 1990, pp. 7-58.

Millar 1993
    F. Millar, *The Roman Near East, 31 B.C. - A.D. 337*, Cambridge (Mass.) - London 1993.

Peek 1955
    W. Peek, *Griechische Vers-Inschriften*, Berlin 1955.

Peek 1960
    W. Peek, *Griechische Grabgedichte*, Berlin 1960.

Perring 2001-2002:
    D. Perring, *Beirut in Antiquity: some research directions suggested by recent excavations in the Souks*, in *Beirut. History and Archaeology* 2001-2002, pp. 113-127.

Recio Veganzones 1970
    A. Recio Veganzones, *Dos Inscripciones de Beyrouth conservadas en Jerusalén*, in *Liber Annuus* 20, 1970, pp. 118-137.

Renan 1864
    E. Renan, *Mission de Phénicie*, Paris 1864.

Rey-Coquais 1977
J.-P. Rey-Coquais, *Inscriptions grecques et latines trouvées dans les fouilles de Tyr 1963-1974. I. Inscriptions de la nècropole = Bull. Mus. Beiruth* 29, 1977.

Rey-Coquais 1979a
J.-P. Rey-Coquais, *Tyr, fouilles récentes, ville, hippodrome et nécropole. L'apport des inscriptions*, in *Rev. Arch.* 1979, pp. 166-168.

Rey-Coquais 1979b
J.-P. Rey-Coquais, *Fortune et rang social des gens de métiers de Tyr*, in *Ktèma* 4, 1979, pp. 281-292.

Rey-Coquais 1986
J.-P. Rey-Coquais, *L'Histoire de Tyre à travers les inscriptions des sarcophages*, in *Archéologia* (Paris) 211, 1986, pp. 22-29.

Rey-Coquais 1996
J.-P. Rey-Coquais, *Tyr, la nécropole et ses inscriptions*, in *Atti del XIII Congresso Internazionale di Archeologia cristiana* (Split - Poreć 1994), Split 1996, pp. 685-691.

Rey-Coquais 2006
J.-P. Rey-Coquais, *Inscriptions grecques et latines de Tyr* (*Bulletin d'Archéologie et d'Architecture Libanaise*, BAAL), Hors série 3, Beyrouth 2006.

Rey-Coquais 2007
J.-P. Rey-Coquais, *Inscriptions inédites de Tyr et de Beyrouth*, in Acta XII Congressus Internationalis epigraphiae grecae et latinae (Barcelona, 3-8 Sept. 2002), Barcelona 2007, pp. 1193-1200.

Reynolds 1997-1998
P. Reynolds, *Pottery Production and Economic Exchange in Second Century Beirut*, in *Berytus* 43, 1997-1998, pp. 35-110.

Reynolds 2000
P. Reynolds, *Baetican, Lusitanian and Tarraconensian* Amphorae *in Classical Beirut: some preliminary observations of trends in amphora imports from the Western Mediterranean in the Anglo-Lebanese Excavations in Beirut* (BEY 006, 007 and 045), in Actas: Ex Baetica Amphorae: *conservas, aceite y vino de la Bética en el Imperio Romano*, Atti del Congresso Internazionale (Écija - Sevilla 1998), Ecija 2000, pp. 1035-1060.

Reynolds 2007
P. Reynolds, *Cerámica, comercio y el Imperio Romano (100-700 d.C.): perspectivas desde Hispania, África y el Mediterráneo oriental*, Granada 2007.

Rogge 1993
S. Rogge, *Tektonik und Ornamentik attischer Sarkophage. Studien zur Chronologie dieser Denkmälergattung*, in G. Koch (a cura di), *Grabeskunst der römischen Kaiserzeit*, Mainz am Rhein 1993, pp. 111-132.

SEG
Supplementum Epigraphicum Graecum, Leiden-Amsterdam 1923.

Stuart 2001-2002

B. Stuart, *Cemeteries in Beirut*, in *Beirut. History and Archaeology* 2001-2002, pp. 87-112.

Thomsen 1922

P. Thomsen, *Die lateinischen und griechischen Inschriften der Stadt Jerusalem und ihrer nächsten Umgebung*, Leipzig 1922.

Waddington 1870

W. H. Waddington, *Voyage archéologique en Grèce et en Asie Mineure. III. Inscriptions grecques et latines recueillies en Grèce et en Asie Mineure* (con Ph. Le Bas), Paris 1870.

Ward-Perkins 1969

J.-B. Ward-Perkins, *The imported sarcophagi of Roman Tyre*, in *Bull. Mus. Beiruth* 22, 1969, pp. 109-145.

Daniela Massara

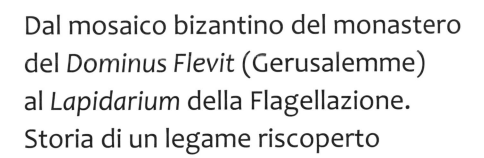

Dal mosaico bizantino del monastero del *Dominus Flevit* (Gerusalemme) al *Lapidarium* della Flagellazione. Storia di un legame riscoperto

Daniela Massara

Dal mosaico bizantino del monastero del *Dominus Flevit* (Gerusalemme) al *Lapidarium* della Flagellazione. Storia di un legame riscoperto.

Abstract

The present research considers a group of fragments of polychrome tessellated mosaic floor, placed in no particular order and direction onto one of the external surfaces of the porch of the Private Archaeological Museum in the Studium Biblicum Franciscanum. *Some of the fragments analysed are relevant to an area of the Oratory within the byzantine monastery* Dominus Flevit *located in Jerusalem, where most of the flooring is still available. The location and digitalisation of the photographic plates reproducing the images of the remains herein analysed before their removal, have made it possible to spot the original location of the now walled-in fragments. The floor has been severely damaged by the iconoclasm and the reconstruction attempts from the past to the present days. In view of plausible comparisons and the analysis of the decorations, the present work suggests the hypothesis that the mosaic dates back between the end of the VI and the beginning of the VII century A.D.*

I. Introduzione

Tra i beni conservati presso il Museo Archeologico Privato dello *Studium Biblicum Franciscanum* rientrano alcuni lacerti in tessellato policromo oggi murati sotto il portico del Convento della Flagellazione e più precisamente nella parete accanto alla Chiesa della Condanna, sita all'interno del complesso conventuale. Il lavoro di recupero di tutti i dati antiquari ad essi relativi, per l'inserimento nel database concernente il progetto di inventariazione e catalogazione dei beni storico-artistici ed archeologici dei Musei della Custodia[1], ha permesso la loro ricontestualizzazione e studio puntuale.

Si tratta, in particolare, di undici lacerti di mosaico con decorazione geometrica e/o floreale, e di due con iscrizione (fig. 1).

Frammenti di mosaico policromo con decorazione geometrica e vegetale
(Frr. 1 – 10)

Un sopralluogo sul Monte degli Ulivi, nell'area del santuario del *Dominus Flevit* con i resti di un monastero bizantino[2] (figg. 2, 5), ha inaspettatamente permesso il recupero della provenienza di dieci frammenti[3]: a un rapido riscontro, infatti, si sono riconosciuti nel pavimento musivo dell'Oratorio[4] (ambiente B, cfr. fig. 2) gli stessi motivi decorativi presenti nei lacerti (fig. 4): sia quelli impiegati per i riempitivi sia quelli per la

---

[2]   La scoperta del sito archeologico del *Dominus Flevit*, comprendente il monastero e la necropoli, ebbe abbrivio grazie al ritrovamento di un lacerto musivo rintracciato nel novembre del 1954 da Padre Bagatti (cfr. BAGATTI 1954; BAGATTI 1956; BAGATTI 1969). Si trattava di parte del pavimento di una Cappella absidata (ambiente A), affiancata da un secondo ambiente, con il medesimo orientamento, ma più ristretto (ambiente B), chiamato Oratorio, con il quale comunicava attraverso un'apertura sul lato meridionale (fig. 2). La pianta si presenta stretta e allungata, con una nicchia semicircolare non molto profonda nella parete di fondo, affiancata a Ovest da una seconda nicchia, questa volta rettangolare; altre quattro nicchie si dispongono in modo simmetrico, ma non perfettamente corrispondente, lungo i lati lunghi; l'incavatura nell'angolo Nord-Ovest potrebbe, invece, aver avuto funzione di acquasantiera. L'ambiente è decorato da intonaco bianco alle pareti e da un tessellato policromo per il pavimento. A Est un passaggio conduce ad una sala poligonale irregolare mosaicata (ambiente C). Si poteva avere accesso alla cappella tramite due ingressi, uno centrale, diretto, aperto lungo il lato corto occidentale e uno laterale, indiretto, essendo obbligatorio il passaggio attraverso l'ambiente B. Entrambi – si scoprì – avevano i pavimenti in tessellato, e molto probabilmente anche parte della parete dell'abside della Cappella doveva essere ricoperta da un mosaico con tessere in pasta vitrea, miste a litiche, ritrovate sparse in uno strato di crollo nella zona antistante l'abside. La zona absidata e il presbiterio erano distinti da quella per l'assemblea sia architettonicamente sia attraverso l'uso di un diverso motivo decorativo nel mosaico. Al momento dello scavo, conservavano la pavimentazione, o parte di essa, i seguenti ambienti: Cappella o ambiente A (tessellato geometrico policromo con epigrafe), Oratorio o ambiente B (tessellato geometrico-figurato policromo con epigrafe), chiostro D (lastricato litico), vano K (tessellato bianco con tessere nere sparse), vano P (tessellato geometrico-vegetale policromo), cisterna R (tessellato monocromo bianco), soglia (?) S (tessellato tricromo con epigrafe).
Per un inquadramento generale sul monachesimo in *Palaestina* e nel Vicino Oriente in periodo bizantino si veda PATRICH 1995, pp. 4-35. Sui monasteri bizantini del deserto di Giuda si vedano HIRSCHFELD 1985 (sull'area dell'*Herodion*), HIRSCHFELD 1992, PATRICH 1994 (in questo caso viene presa in considerazione anche la Samaria).

[3]   Nn. inv. CTS-SB-00311-00312, 00314-00318, 00320, 00322-00323.

[4]   Si auspica che, in un prossimo futuro, la revisione dei dati di scavo e dello studio dei reperti per l'edizione scientifica dell'intero sito, possa portare maggiore chiarezza anche sulla funzione propria dell'ambiente in questione, eventualmente da confrontare con vani decorati in modo analogo, ritrovati nella vicina proprietà russa, datati alla fine del VI secolo d.C. (a riguardo si veda *infra*).

composizione del campo sia, in particolare, quelli per la cornice, per la tipologia della quale non sono finora noti altri confronti puntuali[5] (fig. 3).

A ciò si aggiunga la seguente notizia, riportata in un articolo del 1969 scritto da Padre Bellarmino Bagatti, relativamente ai ritrovamenti al *Dominus Flevit*: «Scavo sotto il mosaico dell'oratorio (B). Il 30 settembre del 1958 fu tolto il pavimento musivo dell'oratorio per poterlo collocare su nuovo letto. Il mosaico, infatti, a causa delle gonfiature era in pericolo di dissolvimento. (…) Il mosaico è stato rimesso dal Signor Concetto Vinci e in parte completato. Una piccola parte del pavimento è stata asportata colla fabbrica della nuova cappella e si conserva al Museo della Flagellazione (sala lapidaria)»[6].

La menzione dello strappo, del ricollocamento *in situ* e dell'asporto di alcuni frammenti nel *lapidarium* del Convento ha pertanto avvalorato definitivamente l'ipotesi fatta. Le tessere sia dei lacerti sia del mosaico *in situ* hanno medesima forma e dimensioni[7], e ricorrono anche gli stessi colori, secondo gamme cromatiche analoghe (verde, marrone, ocra, giallo, bianco, nero, azzurro, rosso, viola, rosa). Per quanto riguarda la natura dei materiali utilizzati, in base alla semplice verifica autoptica, essi sembrano tutti di qualità lapidea; si preferisce tuttavia non azzardare ulteriori identificazioni in assenza di specifiche analisi archeometriche.

Si deve, poi, notare che su un frammento[8] vi sono gruppi di striature parallele, con diverse direzioni, senz'altro da attribuire all'azione meccanica di levigatura con una spazzola a setole metalliche (fig. 6). Esse sono presenti in alcuni punti del mosaico *in situ*, ma non appaiono, invece, su tutti i lacerti ora murati[9] (fig. 7), che anche in fase di restauro moderno sono stati trattati diversamente[10]. Non è possibile stabilire, con i dati al momento a disposizione, in che periodo le striature siano state fatte[11].

---

[5] A riguardo si vedano i confronti proposti *infra*.

[6] Bagatti 1969, pp. 201-202. In seguito i frammenti furono spostati dalla sala lapidaria e murati dove attualmente si trovano.

[7] Si veda sotto, nt. 25.

[8] N. inv. CTS-SB-00311.

[9] Per esempio il lacerto con n. inv. CTS-SB-00312.

[10] In uno, ad esempio, i colori delle tessere sono stati evidenziati maggiormente e le tessere sono state rimesse in posa tutte sullo stesso piano (n. inv. CTS-SB-00311).

[11] Tuttavia, la non omogeneità di trattamento su tutti i frammenti appare un significativo indizio di restauro moderno piuttosto che antico.

Infine, un'ulteriore ricerca tra la documentazione fotografica, costituita da negativi su lastre in vetro digitalizzate[12], ha permesso il riconoscimento della collocazione e quindi dell'orientamento originario dei frammenti oggi murati (figg. 1, 8-9).

Frammento con epigrafe (Fr. 11)

Si tratta di un lacerto con epigrafe[13] (fig. 12), proveniente da una zona dove sono state ritrovate tombe a camera con arcosoli e tombe a fossa sul lato Nord-Ovest del *Dominus Flevit* (fig. 2). Del pavimento, come riporta Padre Bagatti, «non è rimasto che un frammento del campo n. 18 (alto cm. 67 e largo 70) che ha tessere bianche (7 per 10 cm), con il resto di un fioretto a calice molto usuale in Palestina. Un altro frammento, più a Ovest (n. 20), è stato rotto con la costruzione dei canali 13-14. Ha al solito tessere grandi, di cm. 7 per 10, un'orlatura bianca con quadratini a due colori: rosso e nero e poi una cartuccia ansata (larga cm. 34), fatta con tessere rosse, racchiudente il versetto 8 del salmo 120, in 4 righi»[14]. Quest'ultimo frammento menzionato (n. 20) è indubbiamente quello oggi murato; del mosaico originale con le crocette e la depressione per la vaschetta, che si vedono nelle foto di scavo (figg. 13-14), non rimane che il testo epigrafico[15]. Sempre secondo l'Autore, «siccome questo versetto fu usato prevalentemente per luoghi sacri, così si può credere che l'ambiente distrutto per far luogo al chiostro [ambiente D] fosse stata una cappella. Il versetto ha relazione dell'assistenza divina con referenza alla porta. (...) Siccome l'iscrizione è voltata verso occidente, così era stata fatta per leggersi uscendo dall'edificio sacro»[16]. Il pavimento era dunque costituito da un tessellato a fondo bianco, a ordito di filari obliqui, interrotti a intervalli regolari da crocette bicrome, con al centro uno specchio epigrafico ansato, a ordito di filari dritti; infine, lungo i lati lunghi, orientale

---

[12] Le foto furono scattate da Padre Guido Lombardi (cfr. BAGATTI 1969, p. 194). Le lastre si conservano presso l'Archivio Fotografico dello *Studium Biblicum Franciscanum*.

[13] Il frammento è costituito da un lacerto di dimensioni pari a 39,5x35 cm, con dimensioni delle tessere che vanno da un minimo di 0,8x0,4 cm a un massimo di 1,7x1,7 cm (n. inv. CTS-SB-00319).

[14] BAGATTI 1956, p. 263.

[15] Salmo 120, 8: Κύριος φυλάξει τὴν εἴσοδόν σου καὶ τὴν ἔξοδόν σου ἀπὸ τοῦ νῦν καὶ ἕως τοῦ αἰῶνος ("Il Signore custodirà il tuo entrare e il tuo uscire, da ora e per sempre"). Per l'epigrafe si veda da ultimo *CIIP* I, 2, pp. 141-143, n. 826, figg. 826.1-826.2, con bibliografia precedente.

[16] BAGATTI 1965, pp. 263-264.

e occidentale, appare delimitato da una linea doppia di tessere bianche, che potrebbe segnare i limiti dello spazio così decorato[17].

Il lacerto con treccia policroma (Fr. 12)

Il lacerto con treccia policroma a due capi[18] e disegno vegetale[19] (fig. 10), va ricondotto al «musaico, largo m. 1,66, [...] quasi tutto distrutto, giacché rimane un po' di fascia all'intorno con fioretti, poi una fascia a corde intrecciate e nell'angolo nord-est l'inizio di un disegno come un calice. Le tessere sono molto piccole (12 per 10 cm). [...] Per ora si può credere che sia un'edicola devozionale per l'abbellimento del monastero»[20], che si trova in corrispondenza di «una costruzione singolare che, per il momento, appare unica nelle fabbriche monastiche. Fra i due pilastri centrali, anzi addossati ad essi, ci sono due resti di muri (larghi cm. 52) che racchiudono un musaico: Tav. I, P»[21] (fig. 2). Il pavimento – come si vede dalla foto d'archivio (fig. 11) – era, dunque, costituito da un campo a fondo di tessere bianche, con ordito rettilineo, del quale rimaneva per la decorazione interna il solo lacerto oggi murato; esso era bordato da una linea singola di tessere nere, seguita da una linea doppia di tessere bianche, una treccia policroma a due capi su fondo scuro, una linea doppia di tessere bianche, una linea singola di tessere nere. Segue una fascia marginale a ordito di filari obliqui di tessere bianche, decorata da una fila di fiori, orientati verso Nord e, in corrispondenza dell'angolo Sud-Est, da quattro fiori dello stesso tipo disposti a croce[22], secondo una decorazione molto simile a quella presente nell'Oratorio. Si nota che le pareti dell'ambiente erano intonacate come quelle della Cappella e dell'Oratorio (ambienti A e B). In base alle dimensioni e alla decorazione del vano, oltre alla posizione che dà sul corridoio E, invadendo lo spazio

---

[17] Si veda anche *infra*, nt. 51 e il commento con nt. 112.

[18] Cfr. *Décor* I, tav. 70j.

[19] Il frammento è costituito da un lacerto di dimensioni pari a 22x37,5 cm, con dimensioni delle tessere che vanno da un minimo di 0,5x0,5 cm a un massimo di 0,8x1,1 cm (n. inv. CTS-SB-00321).

[20] Bagatti 1956, pp. 266-267.

[21] Bagatti 1956, pp. 265-266, fig. 12. Si veda anche Milik 1960, tav. XXVIII/b.

[22] Gli angoli di Nord-Ovest e Sud-Ovest sono andati persi. Nell'angolo di Nord-Est, invece, che si era conservato, manca il motivo a croce e la balza marginale è più stretta, verosimilmente la metà rispetto a quella che gira lungo gli altri tre lati.

del chiostro D, potrebbe forse trattarsi del vestibolo di una sala più grande oppure, come ipotizzava già Padre Bagatti, di una cappella.

L'iscrizione musiva di Betlemme (Fr. 13)

Il grande frammento con epigrafe inclusa in un cerchio[23], infine, proviene da una stanza di un monastero bizantino nei pressi di Betlemme[24], databile secondo Padre Sylvester Saller, in base all'analisi dell'iscrizione, tra la fine del VI e l'inizio del VII secolo d.C.[25] (fig. 1). Essa era inserita in un campo decorato da un tessellato a fondo bianco con punteggiato di fiorellini (fig. 15).

Riassumendo, dei tredici frammenti murati, dodici provengono dall'area del *Dominus Flevit*; di questi, dieci appartengono all'Oratorio (Frr. 1-10), uno alla supposta edicola devozionale P (Fr. 11), mentre quello con epigrafe (Fr. 12) testimonierebbe la presenza di un edificio di culto cristiano preesistente al monastero, che in via ipotetica – secondo Padre Bagatti – sarebbe stato distrutto nel 614 d.C., quando «i Persiani fecero man bassa delle chiese gerosolimitane»[26]. Il tondo con iscrizione (Fr. 13), infine, proviene da un complesso monasteriale bizantino vicino a Betlemme.

---

[23] Il lacerto ha dimensioni pari a 174x115 cm e le tessere vanno da un minimo di 0,5x1 cm a un massimo di 2,2x1,5 cm (n. inv. CTS-SB-00313).

[24] Cfr. SALLER 1972.

[25] Cfr. SALLER 1972, p. 158. In attesa della nuova pubblicazione relativa all'epigrafe in *CIIP* IV, si veda per cfr. l'epigrafe dalla "Città di Davide" con caratteristiche simili (specchio circolare, forma e stile delle lettere, presenza della linea di separazione tra una riga e l'altra), datata tra fine VI-inizio VII secolo d.C. (vd. *CIIP* I, 2, pp. 102-103, n. 716, fig. 796).

[26] Cfr. BAGATTI 1956, p. 270. Si veda anche MILIK 1960, tav. XXVIII/b.

Fig. 1. Gerusalemme. Convento della Flagellazione, parete del portico (SBFMu-seum. A.F.).

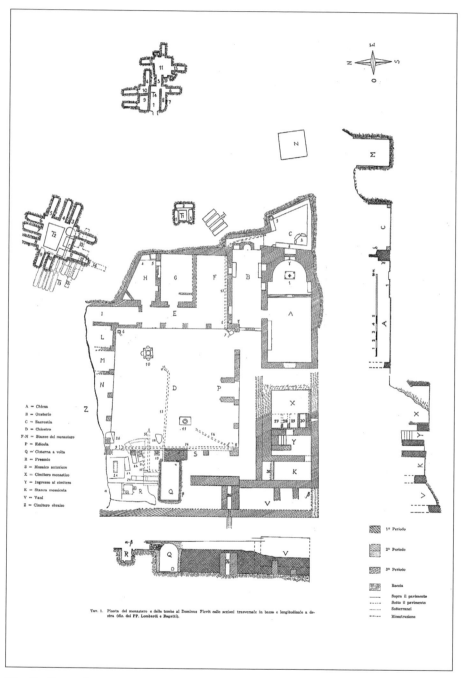

Fig. 2. Gerusalemme. Monte degli Ulivi. Santuario del Dominus Flevit, pianta del monastero bizantino e delle tombe romane (da BAGATTI 1969, tav. 1).

Fig. 3. Gerusalemme. Convento della Flagellazione. Frammento di cornice in tessellato (SBFMuseum. A.F. CTS – SB – 00323).

Fig. 4. Gerusalemme. Monte degli Ulivi. Santuario del Dominus Flevit. Stato attuale del pavimento dell'Oratorio (SBFMuseum. A.F.).

Fig. 5. Gerusalemme. Monte degli Ulivi, Santuario del Dominus Flevit. *Cappella e Oratorio* (SBF*Museum. A.F., DF – A, n. 69*).

Fig. 6. Gerusalemme. Convento della Flagellazione. Dettaglio delle tessere con striature (SBF*Museum. A.F.*).

Fig. 7. Gerusalemme. Convento della Flagellazione. Dettaglio delle tessere senza striature (SBF*Museum. A.F.*).

Fig. 8. Gerusalemme. Monte degli Ulivi, Santuario del Dominus Flevit. *Pavimento dell'Oratorio prima dello strappo con la ricollocazione di sette frammenti (SBFMuseum. A.F., DF – A, n. 72. Rielaborazione grafica di D. Massara).*

Fig. 9. *Gerusalemme*. *Monte degli Ulivi, Santuario del* Dominus Flevit. *Pavimento dell'Oratorio prima dello strappo con la ricollocazione di tre frammenti (SBFMuseum. A.F., DF – A, n. 68. Rielaborazione grafica di D. Massara).*

Fig. 10. Gerusa-lemme. Convento della Flagellazione. Frammento musi-vo appartenente al pavimento ritrovato in corrisponden-za dell'ambiente P (SBFMuseum. A.F., CTS – SB – 00321).

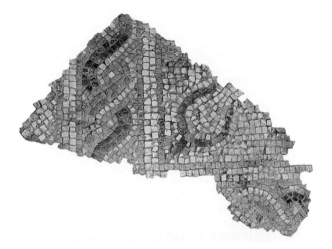

Fig. 11. Gerusalemme. Monte degli Ulivi, Santuario del Dominus Flevit. *Partico-lare del pavimento dell'ambiente P (SBFMuseum. A.F., DF – A, n. A77).*

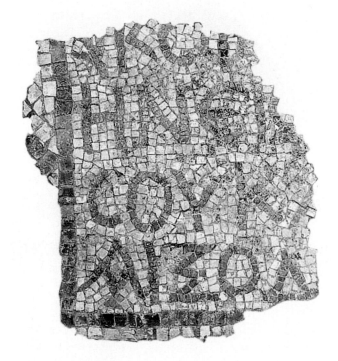

Fig. 12. Gerusalemme. Convento della Flagellazione. Frammento musivo proveniente dall'area Nord – Ovest dello scavo del Dominus Flevit, *in corrispondenza della tomba n. 20* (SBFMuseum. A.F., CTS – SB – 00319).

Fig. 13. Gerusalemme. Monte degli Ulivi, Santuario del Dominus Flevit. Particolare del pavimento dell'ambiente S, scavato in corrispondenza della tomba n. 20, visto da Ovest, prima dello strappo (da BAGATTI 1956, fig. 12).

Fig. 14. Gerusalemme. Monte degli Ulivi, Santuario del Dominus Flevit. *Particolare del pavimento dell'ambiente S, scavato in corrispondenza della tomba n. 20, visto da Sud, prima dello strappo* (SBF*Museum. A.F., DF – A, n. A78*).

Fig. 15. Betlemme. Monastero bizantino. Particolare del pavimento con epigrafe prima dello strappo (da SALLER 1972, fig. 8).

II. Il mosaico dell'Oratorio (ambiente B)

Descrizione del pavimento musivo

Il tappeto musivo è costituito da tessere lapidee[27] policrome di forma trapezoidale[28], per lo più isoscele oppure rettangolare, di dimensioni medie[29]. Al momento della scoperta si conservava *in situ* verosimilmente il 70% del manufatto originario, mentre ora ne è visibile la metà circa[30] (fig. 16). La decorazione si articola in una balza marginale[31], costituita da una linea tripla in tessere bianche[32], seguita da una fascia in tessere di colore bianco a ordito obliquo, ornata da una fila di fiori[33] disposti, su ciascun lato, in modo simmetrico rispetto a un motivo centrale, costituito da quattro fiori dello stesso tipo disposti a croce (fig. 17). Seguono le cornici articolate nel modo seguente: un motivo a nastro ondulato a rotolo[34], attraversato da una doppia linea in tessere gialle, con un dischetto del medesimo colore negli spazi di risulta, tra due fasce a onde correnti a giro semplice[35], delimitate all'esterno da una linea doppia di tessere bianche tra due linee singole di tessere nere, e all'interno da una linea di tessere bianche e una di tessere nere (fig. 18).

---

[27] In base alla sola analisi autoptica, si direbbero verosimilmente di natura in prevalenza calcarea.

[28] L'impiego di tessere di forma trapezoidale si osserva nei mosaici bizantini piuttosto prima o dopo il VI secolo d.C. Si ringrazia Padre Eugenio Alliata per la gentile indicazione sull'argomento. Non è stato possibile, invece, determinare la forma della sezione.

[29] Le tessere vanno da un minino di 0,5x1 cm a un massimo di 1,1x1 cm. Per una classificazione dei tessellati in base alla dimensione delle tessere cfr. GRANDI – GUIDOBALDI 2006, in particolare per i mosaici a tessere medie p. 38, tabella 2.

[30] Come si può ravvisare dalle foto d'archivio (fig. 8), al mosaico furono sovrapposti, inoltre, due gradini in corrispondenza delle due nicchie laterali nella metà orientale dell'ambiente.

[31] La balza presenta una diversa larghezza sui lati lunghi (cfr. fig. 13) tanto che la fila di fiorellini lungo il lato settentrionale non appare perfettamente centrata. La differenza potrebbe essere dovuta al fatto che la messa in opera del mosaico sia cominciata dal lato meridionale e che si siano calcolate male le proporzioni.

[32] La linea tripla è visibile con chiarezza solo lungo il lato orientale all'altezza della nicchia centrale (fig. 26); altrimenti lungo le pareti si notano solo due filari, in qualche punto uno solo, in quanto coperta dall'intonaco delle pareti.

[33] Cfr. *Décor* I, tav. 83a.

[34] Questa decorazione si pone come un'ulteriore variante tra quelle individuate in *Décor* I, tav. 65e-g.

[35] Cfr. *Décor* I, tav. 101b.

Il campo centrale è tripartito. Presenta una zona principale più ampia a Occidente, a intreccio allentato di coppie di listelli, con andamento obliquo rispetto a quello della stanza, con cerchi annodati negli scomparti[36] (qui a otto nodi), caricati da vari motivi decorativi figurati, disposti in maniera ragionata e non priva di rimandi interni. Si osserva, infatti, la seguente disposizione: file di due quadrati centrali (caricati da cerchi) e due triangoli laterali (caricati da semicerchi), alternate a file di tre quadrati (caricati da cerchi), per un totale di tredici file originarie.

La decorazione, per quanto si era conservata, appare seguire un preciso schema a struttura chiastica (xyyx) e alternata (xyx), che impiega motivi animali, come tranci di pesce, ovvero coda (fig. 19) e testa, pesci interi, singoli o a coppie, motivi floreali, come fiori a un gambo, fiori a un gambo e due foglie, virgulti vegetali, fili d'erba, foglia con fiorellino (fig. 20), frutti, come melone aperto o anguria, mele, pere, grappolo d'uva, grappolo d'uva con viticci, melograno, fichi, fichi (?) abbinati a ciliegie (?), zucca[37] (?) (fig. 21), e due frutti (?) appesi ad un anello (fig. 23). Il punto focale dell'intera composizione potrebbe essere occupato dal motivo con grappolo d'uva e viticci (fig. 9).

Segue verso Est un riquadro con epigrafe dedicatoria in greco[38] (fig. 25) e una zona più stretta, presso l'estremità orientale del pavimento, decorata da linee parallele di foglie cuoriformi alternate a fiori.

Appare evidente la raffinatezza della composizione, che impiega tessere di numerosi colori e sfumature. Si noti, in particolare, la zona maggiore del campo, nella quale la colorazione della cornice interna determina l'effetto di croci greche policrome alternate a tre colori di base: grigio, ocra, viola (fig. 24).

La nicchia lungo la parete orientale – già citata – presenta il pavimento ricoperto da un tessellato a ordito di filari obliqui, a tessere bianche di grandi dimensioni[39], che non ha subito né strappi né restauri (fig. 26).

---

[36] Cfr. *Décor* I, tav. 148f.

[37] Lo stesso motivo si ritrova in uno dei mosaici pavimentali funerari nella proprietà russa sul Monte degli Ulivi (cfr. *Jérusalem Nouvelle* 1914, vol. II, tav. XLIII/1) e in quello della cappella della *Theotokos* sul Monte Nebo (fig. 22), datata su base epigrafica all'inizio del VII secolo d.C., dove è abbinato con un falcetto (cfr. PICCIRILLO 1993, p. 151, fig. 199). Padre Bagatti lo definisce una "trungia" (cfr. BAGATTI 1956, p. 250).

[38] Il testo dell'iscrizione (cfr. BAGATTI 1969, fig. 4) informa sul committente dell'edificio e del mosaico e sul motivo della donazione: "*Simeone, Amico di Cristo, ha fabbricato e decorato questo oratorio e l'ha offerto a Cristo Nostro Signore per l'espiazione dei propri peccati e per il riposo dei propri fratelli l'igumeno Georgio e l'Amico di Cristo Domezio*" (traduzione da BAGATTI 1969, p. 247). Si veda da ultimo *CIIP* I, 2, pp. 140-142, n. 825, figg. 825.1-825.2, con bibliografia precedente.

[39] Per una classificazione dei tessellati in base alla dimensione delle tessere si veda sopra, nt. 29.

Infine, lungo la parete occidentale dell'ambiente, si può osservare nelle foto di scavo un piccolo lacerto, distinto dal resto della composizione, che contorna parte della soglia in pietra ancora sul posto al momento della scoperta (fig. 27); esso è costituito da un tessellato a fondo bianco con ordito di filari irregolari, della cui decorazione rimane visibile una fila di crocette[40] e un fiorellino. I dati di scavo e le fotografie scattate al momento della scoperta non sono sufficienti per poter comprendere in quale rapporto stratigrafico e decorativo stiano il mosaico geometrico policromo figurato e il frammento a fondo bianco sopra menzionati.

I frammenti strappati e i restauri moderni

La costruzione di una cappella moderna, su progetto dell'architetto Antonio Barluzzi, edificata nel 1955 in corrispondenza della Cappella (ambiente A) del monastero (fig. 2), portò a sacrificare l'angolo Sud-Ovest dell'Oratorio (ambiente B) e determinò lo strappo del pavimento[41]. Quest'ultimo venne consolidato e, quindi, ricollocato *in situ*, ad eccezione di alcuni frammenti; dieci di essi furono asportati e murati, mentre dei rimanenti si è persa notizia.

I lacerti recuperati sono ben individuabili grazie alle immagini scattate da Padre Guido Lombardi prima dello strappo[42] (figg. 8-9) e si possono facilmente ricollocare nella loro posizione originaria; è possibile inoltre riconoscere le integrazioni moderne (rifacimenti) e probabili restauri antichi (risarcimenti a tessitura mimetica irregolare).

Per quanto riguarda i restauri moderni[43], si possono identificare con certezza cinque integrazioni (fig. 28), pertinenti ai motivi di riempimento

---

[40] Del medesimo tipo di quelle presenti nel lacerto musivo proveniente dal pavimento ritrovato in corrispondenza della tomba n. 20 (si veda sopra, nt. 13, fig. 11).

[41] Esso risultò allettato su uno «*strato di calce e cenere alto da cm. 4 a 8, e poi da un letto preparato con sassetti, alto da 3 a 7 cm. Sotto vi era la riempitura (...). Tale riempitura consisteva in terra vergine, in sassetti e alcuni frammenti di oggetti d'uso*», dei quali segue l'elenco (cfr. BAGATTI 1969, pp. 201-202).

[42] Archivio Fotografico dello *Studium Biblicum Franciscanum*, DF-A, nn. 55-88.

[43] Almeno fino alla metà del Novecento (cfr. RACAGNI 2003, p. 43) era in uso strappare i mosaici e restaurarli per esporli in museo in ragione della loro conservazione. Nel tempo si è sempre più affermata la soluzione della conservazione *in situ*, non priva di problemi, ma di differente natura, intorno ai quali è fiorita una ricca bibliografia. Qui si ricordano i recenti contributi sulle integrazioni delle lacune antiche e moderne in *Le integrazioni* 2003. Sulle metodologie di restauro di pavimenti musivi, si ricordano le recenti esperienze presentate al Colloquio dell'Associazione Italiana per lo Studio e la Conservazione del Mosaico tenutosi

andati perduti, o danneggiati, che campivano i cerchi. In particolare per la figura della testa di pesce (figg. 29-30), si ha la notizia che per la sua ricomposizione «sono stati tenuti presenti pesci simili per esempio di Alessandria e di Pompei»[44]. In altri casi (fig. 32), le lacune sono state integrate con immagini di vegetali di forma pseudo ellittica (figg. 33-34), ma il confronto con uno dei riempitivi di un mosaico della vicina proprietà russa[45] (fig. 42) farebbe pensare che in origine vi fosse rappresentato un pesce intero. L'ipotesi che si tratti di pesci, piuttosto che di vegetali, è supportata dal fatto che la cancellazione ha interessato solo le estremità del motivo (figg. 8, 32), e, in effetti, nelle fotografie appaiono ancora ben riconoscibili i tratti curvilinei dei corpi ittici.

La distruzione, limitata ai motivi zoomorfi, farebbe pensare ad un intervento volontario e mirato, da collegare con i danneggiamenti intenzionali di tipo iconofobico contro immagini umane e animali, da associare alle leggi in vigore durante i periodi di iconoclastia (726-766 d.C.; 813-842 d.C.) in tutti i territori dell'Impero Bizantino[46]. Al momento della messa in luce del pavimento in esame, le lacune non presentavano nessun tipo di reintegrazione musiva, come comunemente si trova nella maggior parte

---

ad Aquileia nel febbraio 2009 (cfr. *AISCOM* 2010, pp. 173-232). In particolare, per quanto riguarda la sola conservazione *in situ*, si ricordano a titolo d'esempio gli interventi di restauro e musealizzazione della villa tardo antica di Piazza Armerina, che presentano scelte di tipo integrativo e restauri senza integrazioni a seconda dei singoli casi (cfr. *Progetto di recupero* 2007, pp. 174-176, 179-189).

[44] BAGATTI 1969, p. 202.

[45] C.d. del Reverendo Giacomo in base all'iscrizione (cfr. *Jérusalemme Nouvelle* 1914, vol. II, tav. CLXIII/2; *CIIP* I, 2, p. 155, n. 837). Il mancato intervento iconofobico, che si constata in questo e negli altri pavimenti della proprietà russa, potrebbe essere attribuita alla non visibilità o all'abbandono delle relative strutture durante la fase iconoclasta.

[46] Si veda, a titolo d'esempio, la cancellazione mirata di immagini di animali sia marini sia terrestri nella chiesa di Beth Guvrin (cfr. OVADIAH 1987, pp. 18-20 n. 17, tavv. VIII-XII); la costruzione dell'edificio sacro è datata ipoteticamente al VI secolo d.C. in base alla decorazione musiva (cfr. OVADIAH 1987, p. 20). Per lo stato delle testimonianze archeologiche di iconoclastia e iconofobia, con particolare attenzione al territorio giordano, si veda OGNIBENE 2002, pp. 95-116. L'Autrice, in base ai dati raccolti e all'analisi conseguente, arriva ad affermare che, nel caso dei mosaici giordani, «*gli episodi disfigurativi possono essere collocati in un periodo che va dal secondo al settimo decennio dell'VIII secolo. [...] Il 762 d.C. è, allo stato attuale delle ricerche, il termine ultimo per la definizione del fenomeno iconofobico in area giordana: è intorno a questa data che la crisi distruttiva sembra giungere a un naturale epilogo.*» (OGNIBENE 2002, p. 116). La disfigurazione si presenta eseguita sia in modo accurato, nel qual caso l'estrazione delle tessere segue esattamente la linea di contorno delle figure, sia in modo più approssimativo, dove il danneggiamento interessa anche la parte del fondo.

di questi casi[47]; nel nostro, invece, i guasti sembrano essere stati riparati con semplice terra battuta o calce mista ad altri elementi[48], ma non ci sono sufficienti notizie che possano confermare la soluzione specifica adottata.

Per quanto riguarda i restauri antichi, sembra possibile ravvisarne due, che si differenziano chiaramente da quelli fin qui esaminati, certamente moderni, per la diversa tecnica di rappezzo impiegata (figg. 35-36). Essi, inoltre, compaiono già nel pavimento al momento della scoperta, come appare evidente dalle fotografie dei mosaici effettuate prima dello strappo e dei moderni rifacimenti. Il tipo di restauro applicato alle lacune risulta del tipo a risarcimento a tessitura mimetica irregolare, con tessere miste[49]. Si riconosce in uno dei grappoli d'uva (fig. 35) impiegato come motivo riempitivo dei cerchi, facente parte della porzione di pavimento strappata e ricollocata *in situ*, e nel motivo del melone (fig. 36), conservato tra i frammenti murati qui presentati. Dal momento che le figure non sono state danneggiate completamente, è probabile che la ricomposizione della superficie, in questo caso, sia da attribuire ad un'operazione di manutenzione del pavimento, dal quale erano saltate alcune tessere per degrado, e non per un'azione volontaria determinata da spinte iconofobiche.

---

[47] Cfr. OGNIBENE 2002, pp. 98-100. Per i fenomeni di iconofobia in Giordania durante l'VIII secolo d.C. si vedano PICCIRILLO 1993, pp. 41-42, e OGNIBENE 2002, pp. 95-116.

[48] Si confronti, ad esempio, l'analoga riparazione presente nel pavimento di VI secolo d.C. della chiesa del Khadir dedicata ai Santi Martiri a Madaba (cfr. PICCIRILLO 1989, pp. 108-115).

[49] "A1" secondo la classificazione dei "Risarcimenti o rappezzi a mosaico" proposta da Massimiliano David (cfr. DAVID 2001, pp. 407-408; DAVID 2003, p. 65).

Fig. 16. Gerusalemme. Monte degli Ulivi, Santuario del Dominus Flevit. *Pavimento dell'Oratorio prima dello strappo. La linea rossa delimita la parte ancora visibile da quella perduta con la costruzione della cappella dell'architetto Antonio Barluzzi (*SBFMuseum. A.F., DF – A, n. 68. Rielaborazione grafica di D. Massara).

Fig. 17. Gerusa-lemme. Monte de-gli Ulivi, Santuario del Dominus Fle-vit. *Pavimento dell'Oratorio. Det-taglio della balza marginale* (SBF-Museum. *A.F.).*

Fig. 18. Gerusa-lemme. Monte de-gli Ulivi, Santuario del Dominus Fle-vit. *Pavimento dell'Oratorio. Det-taglio della corni-ce* (SBF*Museum. A.F.).*

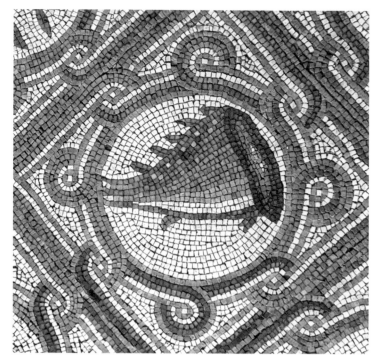

Fig. 19. Gerusalemme. Monte degli Ulivi, Santuario del Dominus Flevit. Pavimento dell'Oratorio. Particolare del campo con coda di pesce (SBFMuseum. A.F.).

Fig. 20. Gerusalemme. Monte degli Ulivi, Santuario del Dominus Flevit. Pavimento dell'Oratorio. Particolare del campo con stelo fiorito e foglia (SBFMuseum. A.F.).

Fig. 21. Gerusalemme. Monte degli Ulivi, Santuario del Dominus Flevit. Pavimento dell'Oratorio. Particolare del campo (SBFMuseum. A.F.).

Fig. 22. Monte Nebo. Memoriale di Mosè, pavimento della cappella della Theotokos. Particolare del campo (da PICCIRILLO 1993, fig. 199).

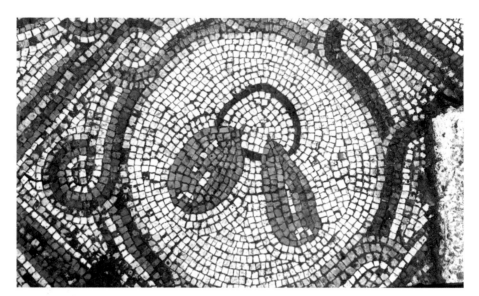

Fig. 23. Gerusalemme. Monte degli Ulivi, Santuario del Dominus Flevit. *Pavimento dell'Oratorio. Particolare del campo con disegno di fichi (*SBFMuseum. A.F.*).*

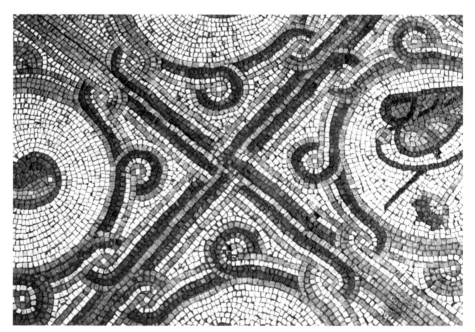

Fig. 24. Gerusalemme. Monte degli Ulivi, Santuario del Dominus Flevit. *Pavimento dell'Oratorio. Particolare del campo con intreccio a croce greca (*SBFMuseum. A.F.*).*

Fig. 25. Gerusalemme. Monte degli Ulivi, Santuario del Dominus Flevit. *Pavimento dell'Oratorio. Particolare dell'epigrafe (SBFMuseum. A.F., DF – A, n. 67).*

Fig. 26. Gerusalemme. Monte degli Ulivi, Santuario del Dominus Flevit. *Pavimento dell'Oratorio. Particolare del mosaico della nicchia orientale (SBFMuseum. A.F.).*

Fig. 27. Gerusalemme. Monte degli Ulivi, Santuario del Dominus Flevit. *Pavimento dell'Oratorio. Dettaglio del frammento musivo ritrovato vicino alla soglia (*SBF*Museum. A.F., DF – A, n. 70).*

Fig. 28. Gerusalemme. Monte degli Ulivi, Santuario del Dominus Flevit. *Pavimento dell'Oratorio dopo lo strappo con la segnalazione dei restauri moderni (*SBF*Museum. A.F. Rielaborazione grafica di D. Massara).*

Fig. 29. Gerusalemme. Monte degli Ulivi, Santuario del Dominus Flevit. *Cerchio con la figura del pesce prima dell'intervento di restauro (SBFMuseum. A.F., DF – A, n. 66).*

Fig. 30. Gerusalemme. Monte degli Ulivi, Santuario del Dominus Flevit. *Cerchio con la figura del pesce dopo l'intervento di restauro (SBFMuseum. A.F.)*

Fig. 31. Ma'ale Adummim. Pavimento della chiesa centrale del monastero di Martyrios. *Dettaglio del campo (da* MAGEN – TALGAM *1990, fig. 40).*

Fig. 32. Cerchi con figure di pesci (?) prima dell'intervento di restauro (DF – A, n. 73).

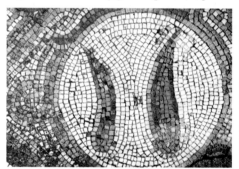

Fig. 33. Pavimento dell'Oratorio. Particolare del campo.

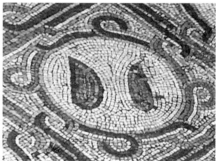

Fig. 34. Pavimento dell'Oratorio. Particolare del campo.

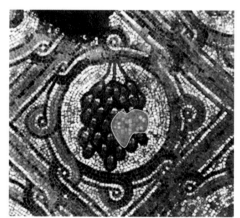

Fig. 35. Pavimento dell'Oratorio prima dello strappo, evidenziato in giallo il rattoppo a tessere sparse (A, n. 72. Rielaborazione grafica di D. Massara).

Fig. 36. Pavimento dell'Oratorio prima dello strappo, evidenziato in verde il rattoppo a tessere sparse (DF – A, n. 72. Rielaborazione grafica di D. Massara).

Confronti

L'impaginazione generale richiama quella dei pavimenti degli edifici sacri a pianta rettangolare, con o senza abside di fondo, abbelliti con tessellati policromi e iscrizioni dedicatorie, secondo un sistema comune in epoca bizantina. Esso prevedeva una decorazione tripartita costituita da una zona più ampia, che orna la navata, seguita dall'iscrizione e da una zona di minori dimensioni, occupata dall'altare[50]. Per il nostro mosaico, sebbene non si trovi alcun parallelo preciso per quanto concerne la composizione nel suo insieme, tanto da risultare – in base ai dati raccolti – un *unicum*, sono tuttavia istituibili alcuni confronti di dettaglio, che permettono di collocarlo in modo più puntuale rispetto all'arco cronologico proposto da Padre Bagatti per la vita del monastero tra il VII e il IX secolo d.C.[51].

a) Partizione del campo

L'esempio che più si avvicina alla decorazione tripartita del pavimento dell'Oratorio del *Dominus Flevit* – caratterizzato dall'abbinamento di un pannello maggiore con decorazione geometrica, seguito da epigrafe, e poi da un pannello minore a decorazione geometrico-vegetalizzata[52] (fig. 9) –

---

[50] Si pensi, per esempio, alle chiese, costituite da singoli edifici o appartenenti a complessi monastici, ritrovate nei territori della *Syria* e *Foenicia* storiche. In particolare per l'odierna Giordania si vedano Piccirillo 1993 e Michel 2001, per Israele e i Territori Palestinesi si veda *Christian Archaeology* 1990.

[51] L'Autore ipotizza come data *post quem* per la nascita del monastero il 614 d.C., anno in cui, a causa dell'invasione persiana, molte delle chiese ierosolimitane vennero rase al suolo e, fra queste, lo studioso penserebbe anche a un ipotetico edificio ecclesiastico, del quale alcuni resti sarebbero stati ritrovati sotto una parte del monastero del *Dominus Flevit* (cfr. Bagatti 1956, pp. 268-270). Tuttavia l'esistenza di questa chiesa, dopo la distruzione della quale sarebbe stato dunque costruito il monastero, rimane in ogni caso completamente da dimostrare.

[52] Esistono campi tripartiti, ma in nessun caso secondo la sequenza dell'esemplare in studio. Un esempio è il pavimento musivo tripartito della chiesa di Mukawir (Umm al-Rasas, Kastron Mefaa), datata entro la prima metà del VII secolo d.C., dove l'iscrizione si trova però al di fuori del campo principale (cfr. Piccirillo 1993, p. 246, fig. 417). Più numerosi sono gli esempi di campi bipartiti come quello del mosaico della cappella del prete Giovanni al Monte Nebo, datato puntualmente al 565 d.C. su base epigrafica (cfr. Piccirillo 1993, pp, 174-175, figg. 230, 233) e quello della navata centrale della chiesa di San Kydakos ad Amman, datata in periodo omayyade (661-750 d.C.) (cfr. Piccirillo 1993, p. 268, fig. 489).

si trova nella navata della chiesa di San Tommaso[53] a Khirbat Sa'ad, a pochi chilometri a Nord di Gerasa; la chiesa è datata, in base all'epigrafe musiva, tra il 572 e 573 d.C. Il tessellato della navata centrale presenta un campo rettangolare incorniciato da una fascia con motivo a treccia; il pannello maggiore è decorato con una composizione a cerchi allacciati vegetalizzati, caricati da motivi figurativi, quello minore, verso l'altare, è iscritto; la zona dell'altare, rialzata, presenta un pannello di dimensioni medio piccole con punteggiato di fiorellini[54] (fig. 37).

Altri esempi provengono, per citarne solo alcuni della medesima regione, da alcuni pavimenti di edifici sacri cristiani nel territorio di Rihab, datati tra la fine del VI e gli inizi del VII secolo d.C.[55].

Si ritiene opportuno aggiungere, come esempio, anche il mosaico che decora la chiesa settentrionale della città bassa dell'*Herodion*[56] (fig. 38), che, sebbene bipartito, presenta per la navata una sequenza di campo maggiore a decorazione geometrica seguito da un pannello con *tabula* iscritta[57] incorniciati da un'unica fascia, in modo analogo rispetto alla composizione del pavimento che si sta qui analizzando. Inoltre, si nota sia in questo sia nel mosaico ierosolimitano, l'impiego della cornice a onde correnti semplici, e in particolare la medesima decorazione della balza marginale, con fila di fiorellini singoli[58], disposti a croce, nel caso preso a confronto, in corrispondenza degli angoli. Il pavimento è stato generica-

---

[53] Cfr. MICHEL 2001, pp. 222-223, fig. 197.

[54] Il medesimo motivo è impiegato nell'ambiente C del monastero del *Dominus Flevit*, per il quale si veda sotto a nt. 97. La sequenza dei pannelli musivi, solitamente suddivisa tra navata e altare absidato, nel caso dell'Oratorio viene accorpata in unico tappeto che decora il solo spazio della navata. La ragione potrebbe risiedere nella mancanza di spazio per l'abside, ridotta ad una nicchia semicircolare, pavimentata con un semplice tessellato monocromo bianco.

[55] Cfr. MICHEL 2001. Si vedano in particolare nella stessa Rihab i pavimenti a campo geometrico-figurato associato a un'iscrizione (non inclusa però nella cornice del campo principale) nei seguenti edifici: chiesa di San Paolo, datata al 595 d.C. su base epigrafica (pp. 217-219, fig. 192); chiesa di San Pietro, datata al 623 d.C. su base epigrafica (p. 219, fig. 193); chiesa di Santa Maria, con mosaico restaurato tra il 592 e il 593 d.C. (p. 221, fig. 195). Si deve constatare, per i casi sopra menzionati, che la decorazione del pavimento dell'altare non si è conservata; tuttavia, sembra plausibile immaginare che fosse anch'essa decorata a mosaico.

[56] È stato ipotizzato che il grande insieme delle rovine dell'*Herodion* abbia attirato l'attenzione in epoca bizantina, quando si insediò lì in un qualche momento del V secolo d.C. forse un monastero o cenobio (cfr. Netzer 1990). Oltre alla chiesa all'interno della fortezza, ve ne sono altre tre nella parte bassa (cfr. NETZER 1990, pp. 165-166, fig. 1, pianta del sito).

[57] Cfr. OVADIAH 1987, p. 70 n. 96, tav. LXXXII; NETZER 1990, pp. 166-168, figg. 3-8.

[58] Cfr. *Décor* I, tav. 83a.

mente datato in epoca bizantina[59]; tuttavia, in base ad alcuni confronti[60], si potrebbe restringere la cronologia, ponendolo tra la prima metà del VI e la prima metà del VII secolo d.C.

b) Schemi e motivi decorativi del campo

Gli schemi che decorano i pannelli del campo sono due. Il pannello principale (fig. 4), come si è già visto[61], è composto da un intreccio allentato di coppie di listelli con cerchi annodati negli scomparti (qui a otto nodi). Tale schema si trova attestato in area siro-palestinese, in base ai dati raccolti[62], a partire dalla seconda metà del IV secolo d.C. fino all'inizio del VII secolo d.C., sia come motivo riempitivo di composizioni geometriche complesse[63]

---

[59] Cfr. OVADIAH 1987, p. 70 n. 96.

[60] Mosaici simili, sia per impaginazione sia per decorazione, sono: quello del pavimento della navata centrale della chiesa di Horvath Hesheq, della quale i mosaici vengono complessivamente collocati nella prima metà del VI secolo d.C. per confronto con quelli di Suhmata (cfr. AVIAM 1990, pp. 366-367, 369-370, fig. 25); quello della navata centrale della chiesa del monastero di San Menas a Rihab, datato su base epigrafica al 635 d.C. (cfr. MICHEL 2001, p. 217, fig. 190; DONCEEL-VOUTE 1994, pp. 212-213, fig. 6); il pavimento della cappella della chiesa di Ma'in, al-Dayr, datata a fine VI secolo d.C. (cfr. PICCIRILLO 1993; MICHEL 2001, pp. 367-370, fig. 348). Si noti che fra gli esempi citati, l'unico datato puntualmente è quello del monastero di San Menas della prima metà del VII secolo d.C.

[61] Per la descrizione puntuale si veda il commento sopra, con nt. 36.

[62] La bibliografia principale, alla quale si è fatto riferimento per le ricerche iconografiche dei motivi decorativi presenti nei mosaici analizzati, è costituita da: *Jérusalem Nouvelle* 1914; AVI - YONAH 1933; AVI - YONAH 1934; LEVI 1947; BALTY 1955; BONFIOLI 1959; AVI - YONAH 1960; KITZINGER 1965; OVADIAH 1970; BALTY 1977; BALTY 1986; OVADIAH 1987; DONCEEL-VOÛTE 1988; PICCIRILLO 1989; PICCIRILLO 1993; BAUMANN 1999; CIMOK 2000; *Art in Eretz Israel* 2004; BECKER - KONDOLEON 2005; HACHLILI 2009.

[63] Si vedano, per la Giordania: Madaba, chiesa della Vergine, databile a fine VI-inizio VII secolo d.C. (cfr. PICCIRILLO 1989, pp. 43, 46, 50; PICCIRILLO 1993, pp. 64-65, fig. 2); Madaba, cappella degli Atwal, periodo bizantino (cfr. PICCIRILLO 1989, p. 131; PICCIRILLO 1993, p. 128); Madaba, chiesa della famiglia Salayta, periodo bizantino (cfr. PICCIRILLO 1989, pp. 116-117; PICCIRILLO 1993, p. 132, fig. 158); Esbus, chiesa settentrionale, periodo bizantino (cfr. PICCIRILLO 1993, pp. 250-251, fig. 434); Gadara della Decapoli, "Bagni degli Eraclidi", periodo bizantino (cfr. PICCIRILLO 1993, pp. 328-329, fig. 685); Farah – Al-Hashimiyah, chiesa bizantina, periodo bizantino (cfr. PICCIRILLO 1993, p. 338, fig. 736).
Per la *Palaestina*: Evron, *diaconicon* della chiesa, 442/443 d.C. (cfr. OVADIAH 1987, pp. 59-60, tav. XLIX/1); Hazor-Ashdod, sala settentrionale della chiesa, 512 d.C. (cfr. OVADIAH 1987, pp. 67-68, tav. LXXIX71).
Per la *Syria*: Antiochia, "Bath of *Apolausis*", vestibolo del frigidario di *Soteria*, seconda metà IV- inizio V secolo d.C. (cfr. LEVI 1947, p. 304, tav. LXVIII, CXXI; BECKER - KONDOLEON 2005, p. 195, nota 18); Antiochia, "House of the Bird Rinceau", 526 d.C.-540 d.C. (cfr. LEVI 1947, p. 257; BECKER - KONDOLEON 2005, p. 238).

sia come pseudoemblema[64] sia come modulo di base per la composizione del campo[65], mentre non è attestato il suo uso per la decorazione di cornici. Per quanto riguarda i confronti dei campi, sembrano essere finora noti solo due esempi a quattro nodi, oltre a quello del *Dominus Flevit* a otto nodi: uno dal Monte Nebo (chiesa del Memoriale di Mosè) e uno da Madaba, quest'ultimo purtroppo non reperibile[66]. L'esempio dal Memoriale di Mosè appare, dunque, essere attualmente l'unico confronto per quello ierosolimitano, e viceversa. Esso decora il "nuovo *diaconicon*"[67] (fig. 39) ed è databile alla fine del VI secolo d.C.[68]. Presenta un intreccio allentato di coppie di listelli gialli e rossi, con cerchi annodati negli scomparti[69] (qui a quattro nodi), disposto in maniera ortogonale rispetto all'orientamento dell'ambiente; è incorniciato da una fascia a onde correnti a giro semplice[70] e da una a doppia treccia a calice[71]. Nei punti d'incrocio i listelli hanno effetto di croci greche gialle e croci greche rosse, secondo un gioco

---

[64] Per esempio, a Madaba in Giordania, nella chiesa della Vergine, databile a fine VI - inizio VII secolo d.C. (cfr. Piccirillo 1989, pp. 43, 46, 50; Piccirillo 1993, pp. 64-65, fig. 2); a Shiqmona, in *Palaestina*, nel *locus* 64, di periodo bizantino (cfr. Ovadiah 1987, p. 134, tavv. CLXVI/2-CLXVII/1).

[65] Si veda *infra*.

[66] Per la bibliografia si deve rimandare alla tavola proposta nel *Décor* (cfr. *Décor* I, tav. 148f). Non è stato possibile rintracciare la fonte, e quindi contestualizzarlo, in quanto non c'è corrispondenza tra l'indicazione data nel testo e il volume cui rimanda. Si può osservare, tuttavia, che a Madaba il motivo è attestato come riempitivo (si veda sopra, nt. 63).

[67] Cfr. Piccirillo 1989, pp. 147-175, in particolare le pp. 160-161; Piccirillo 1998, pp. 293-296, figg. 55-56, 62-63.

[68] Il "nuovo *diaconicon*", infatti, oblitera il precedente "*diaconicon*-battistero" con epigrafe musiva che rimanda al 530 d.C., anno della sua costruzione. Nello strato di riporto per l'edificazione del *diaconicon* soprastante, al di sotto quindi del mosaico preso qui a confronto, sono state trovate alcune monete, la più recente delle quali di Giustiniano I (cfr. Gitler 1998, p. 560, n. 86), e frammenti di ceramica, in particolare di terra sigillata africana che richiama forme databili, al più tardi, nella tarda seconda metà del VI secolo d.C. (cfr. Alliata – Bianchi 1998, pp. 171, 184, n. 19). Dal momento, inoltre, che la costruzione della basilica va posta dopo la decorazione del battistero nel 530 d.C., nella prima metà del VI secolo d.C., e che il nuovo *diaconicon* si trova allo stesso livello della basilica, la costruzione di quest'ultimo non può essere avvenuta prima della metà del VI secolo d.C. e potrebbe essere associata, verosimilmente, alla creazione del nuovo battistero a Sud-Est della basilica, datato su base epigrafica al 597 d.C. (cfr. Piccirillo 1989, p. 162; Piccirillo 1998, pp. 289, 293, 295-296), che giustificherebbe in qualche modo l'obliterazione della precedente cappella battesimale collocata a Nord.

[69] Cfr. *Décor* I, tav. 148f.

[70] Cfr. *Décor* I, tav. 101b.

[71] Cfr. *Décor* II, tav. 75d.

cromatico che – pur nelle diverse tonalità impiegate – si ripresenta anche nel mosaico dell'Oratorio al *Dominus Flevit* (fig. 24).

Il secondo schema, utilizzato nel terzo pannello, è caratterizzato da file parallele di foglie cuoriformi alternate a fiori, che trova confronti sia nella stessa Gerusalemme sia nel deserto di Giuda. A poca distanza dal Monte degli Ulivi, infatti, nella chiesa di Santa Maria Probatica a Gerusalemme[72], si sono individuati due pavimenti sovrapposti (figg. 40-41), il più antico dei quali è datato a metà del V secolo d.C.[73]. Il secondo, con foglie cuoriformi (fig. 40) del tutto simili a quelle del pannello minore del pavimento dell'Oratorio del *Dominus Flevit*, secondo la studiosa che se ne è occupata, sarebbe da datare verso il 610 d.C.[74]. Appena fuori Gerusalemme si trova, invece, il monastero di *Martyrius* a Ma'ale Adummim, datato al terzo quarto del VI secolo d.C.[75]; la "Grande cappella", che si sviluppa lungo il lato lungo meridionale della chiesa, presenta il pavimento del bema abbellito da una composizione musiva bipartita, con la parte absidata decorata da un punteggiato di fiorellini[76] e la parte corrispondente all'altare da file parallele di foglie cuoriformi alternate a cerchietti, variante del medesimo schema che si trova impiegato nel pannello minore settentrionale dell'Oratorio[77].

c) Il motivo a nastro della cornice

La cornice principale che circonda l'intero campo del pavimento dell'Oratorio è caratterizzata, come si è visto[78], da una variante del nastro ondulato a rotolo (fig. 3), cha appare essere finora un *unicum*. Va, tuttavia, notato che raramente tale motivo viene ripetuto in modo identico, ed anzi

---

[72] Cfr. DAUPHIN 2005.

[73] La composizione del campo (cfr. *Décor* I, tav. 244f) è molto diffusa nei mosaici di Giordania e di Israele, per esempio nel refettorio e nella cappella dei pellegrini nel monastero di *Martyrius* a Ma'ale Adummim, considerata nel gruppo dei mosaici della fase più tarda del complesso, datata al terzo quarto del VI secolo d.C. (cfr. MAGEN – TALGAM 1990, pp. 132-133, 142-144, figg. 14, 53, 65-67).

[74] Cfr. DAUPHIN 2005, p. 256.

[75] Cfr. MAGEN – TALGAM 1990, p. 109.

[76] Si veda per confronto l'abside della cappella della *Theotokos* al Monte Nebo (cfr. PICCIRILLO 1993, p. 151, fig. 200), datata al tempo del vescovo Leonzio di Madaba (603-608 d.C.).

[77] Esso è impiegato, secondo una variante, anche nella Cappella, per il quale si veda *infra*.

[78] Si veda sopra il commento con nt. 23.

sembra una sua propria caratteristica variare i motivi riempitivi degli spazi di risulta[79]. L'impiego di tale cornice sembra essere maggiormente diffuso in area siro-palestinese[80], a partire dalla seconda metà del IV secolo d.C., con una particolare concentrazione tra VI e VII secolo d.C.[81].

d) Elementi di riempimento

L'abbondanza di frutti accoppiati, oppure accompagnati da un coltello, così come le foglie, richiamano motivi riempitivi che rientrano perfettamente nella tipologia tematica e stilistica del periodo bizantino[82]. Stringente è la somiglianza con quelli presenti in alcuni pavimenti musivi ritrovati nella proprietà russa[83], vicina a quella del santuario del *Dominus*

---

[79] Si vedano gli esempi citati alle note successive.

[80] Si vedano, a titolo esemplificativo, per il bordo del campo: 'Ein Karem, presbiterio della cappella meridionale. periodo bizantino (cfr. SALLER 1946, pp. 121, 151, tavv. 11-12); Madaba, cappella degli Atwal, periodo bizantino (cfr. PICCIRILLO 1989, pp. 129-132); Monte Nebo, chiesa dei Santi martiri Lot e Procopio, 557 d.C. (cfr. PICCIRILLO 1993, pp. 164-165, figg. 210, 213); Monte Nebo, monastero di Siyagha, VI-VII secolo d.C. (cfr. PICCIRILLO 1993, pp. 192-193, fig. 283); Umm al Rasas – Kastron Mefa, chiesa del vescovo Sergio, 587/588 d.C. (cfr. PICCIRILLO 1993, pp. 234-235, fig. 369; 587 d.C. per BAUMANN 1999, pp. 40-97); Umm al Rasas – Kastron Mefa, chiesa del prete Wa'il, 586 d.C. (cfr. PICCIRILLO 1993, pp. 242-243, fig. 399; BAUMANN 1999, pp. 121-138); Apamea, mosaici di *Therapenides*, seconda metà del IV secolo d.C. (cfr. BALTY 1986, p. 3, fig. 1); Bet Shean, nartece di una tomba a camera, inizio VI secolo d.C. (cfr. OVADIAH 1987, pp. 30-32, tav. XXV); El Maqerqesh – Beth Guvrin, "Edificio A", periodo bizantino (cfr. HACHLILI 2009, pp. 185-186, fig. VIII-3). Per la delineazione delle parti interne del campo: Madaba, cappella del martire Teodoro, 562 d.C. (cfr. PICCIRILLO 1993, p. 117); Madaba, chiesa della famiglia Salayta, periodo bizantino (cfr. PICCIRILLO 1993, p. 132, fig. 258); Ma'in, chiesa dell'Acropoli, 719/720 d.C. (cfr. PICCIRILLO 1993, pp. 200-201, fig. 307).

[81] La doppia linea di tessere gialle che attraversa il nastro, abbinata ai dischetti riempitivi, si trova invece, per esempio, nella cornice del pavimento dell'ambiente F della "Casa del cervo" ad Apamea, datata al VI secolo d.C. (cfr. BALTY 1955, tav. XXI/2; BALTY 1997, pp. 100-107, fig. 22). Durante la ricerca per il presente studio non ne sono stati individuati altri casi.

[82] Alcuni casi che si possono riportare a titolo d'esempio si trovano a Betania, chiesa di San Lazzaro, V secolo d.C. (cfr. SALLER 1957, pp. 42-43, tav. 31); Gerico, sinagoga di fine VI-inizio VII secolo d.C. (cfr. OVADIAH 1987, pp. 75-76 n. 108, tav. XCII/1); Kursi, chiesa basilicale datata tra V e VII secolo d.C. (cfr. OVADIAH 1987, pp. 103-104 n. 172, tavv. CIX-CXI); Monte Nebo: *diaconicon*, fine VI secolo d.C. (cfr. PICCIRILLO 1989, p. 161); cappella della *Theotokos*, inizio VII secolo d.C. (cfr. PICCIRILLO 1989, p. 164). Per una sintesi sull'argomento, in particolare per quel che riguarda il VII secolo d.C., si veda DONCEEL-VOUTE 1994, pp. 212-218.

[83] Cfr. *Jérusalem Nouvelle* 1914, vol. II, tav. XLIII.

Flevit, caratterizzati dalla presenza di iscrizioni definite in bibliografia "epitaffi"[84].

Il mosaico del "Reverendo Giacomo"[85] (fig. 42) è abbellito da cerchi e quadrati, campiti da elementi zoomorfi e vegetali, secondo un preciso schema di simmetrie e alternanze[86]. Dal punto di vista tematico esso presenta, tra i motivi riempitivi, soggetti comuni a quelli impiegati nel mosaico in studio: gruppo di tre fichi, gruppo di tre pere, melograni, le foglie, il grappolo d'uva e il pesce morto. Per il gruppo di tre fichi si può riscontrare anche una stringente somiglianza dal punto di vista iconografico; la resa delle foglie e del grappolo d'uva, invece, appare ottenuta secondo tipi largamente diffusi. Si nota, inoltre, che le tessere bianche del fondo sono disposte in maniera differente, ovvero con bordino costituito da una linea doppia, in ordito rettilineo, e con campo interno a ordito di filari obliqui, anziché seguire i contorni della figura come accade nel mosaico dell'Oratorio.

Il mosaico della "Beata Susanna"[87] (fig. 43), dal nome della defunta, proviene dal medesimo contesto del pavimento appena descritto ed è anch'esso decorato da una composizione geometrica[88] con motivi riempitivi che riprendono i medesimi soggetti vegetali e animali osservati nel mosaico c.d. del Reverendo Giacomo e in quello dell'Oratorio del *Dominus Flevit*. Di particolare interesse è, inoltre, la presenza della testa di pesce. Essa risulta diffusa in modo particolare nel VII secolo d.C. nell'area del Vicino Oriente, come mostra l'esempio proveniente dal monastero di *Martyrios* a Ma'ale Adummim (fig. 31) [89], cronologi-

---

[84] Per quanto riguarda l'esatta funzione e destinazione di tali ambienti, la mancata pubblicazione dei dati di scavo ne impedisce l'accertamento.

[85] Cfr. *Jérusalem Nouvelle* 1914, vol. II, tav. XLIII/2. Per l'epigrafe si veda *CIIP* I, 2, p. 155, n. 837, figg. 837.1-837.2.

[86] Si veda per confronto il pavimento della navata meridionale della chiesa di Santo Stefano ad Umm al-Rasas, eretta nel 785 d.C. (cfr. PICCIRILLO 1989, pp. 282-306; PICCIRILLO – ALLIATA 1994).

[87] Cfr. *Jérusalem Nouvelle* 1914, vol. II, tav. XLIII/1.

[88] Cfr. *Décor* II, tav. 366a. Si veda, per il campo e i tipi di riempitivi, il confronto puntuale nel pannello più occidentale del campo tripartito del pavimento musivo della cappella della *Theotokos* al Monte Nebo (cfr. PICCIRILLO 1989, pp. 163-165) e il frammento di pavimento musivo in tessellato policromo ritrovato a Sebastia (l'antica *Samaria*), a Sud della tomba di Giovanni il Battista (cfr. *Sabastiya* 2011, p. 14), con pesci e uccelli molto simili a quelli impiegati nel pavimento c.d. della Beata Susanna.

[89] Cfr. DONCEEL-VOUTE 1994, pp. 218-220, fig. 10; MAGEN – TALGAM 1990, pp. 123-125, fig. 45. Mentre la testa risulta molto diffusa in mosaici antichi di quest'area (tanto che risulta

camente collocato tra il 457 d.C. e il 614 d.C.[90], anno della distruzione del complesso[91].

Dal punto di vista cronologico, il pavimento c.d. del Reverendo Giacomo è databile, in base all'analisi dell'epigrafe, tra il periodo tardo bizantino e il primo periodo islamico[92] (fine VI - VII secolo d.C.). Per quello c.d. della Beata Susanna, invece, è stata proposta una cronologia, su base unicamente stilistica, alla fine del VI secolo d.C.[93].

Infine, a consolidamento della definizione dell'arco cronologico e dell'area di produzione del mosaico dell'Oratorio, si possono prendere in considerazione ulteriori elementi pertinenti ai mosaici dei due ambienti ad esso adiacenti (ambienti A e C).

La cornice della navata della Cappella del *Dominus Flevit* (ambiente A), costituita da una fascia a intreccio multiplo policromo[94] (fig. 44) e da una fila continua di fiorellini, trova un puntuale confronto nel mosaico c.d. della Beata Susanna[95] sul Monte degli Ulivi (fig. 43). Esso, infatti, è incorniciato da una fascia a intreccio multiplo policromo[96] tra due fasce a fondo bianco con onde correnti a giro semplice. Segue una fascia monocroma bianca delineata da una fila continua di fiorellini singoli[97], composti a croce in corrispondenza degli angoli. Lo stesso tipo di bordo si ritrova impiegato nel pavimento a scuta incrociati[98] della chiesa centrale del mo-

---

strano che, per il restauro moderno, si siano presi a modello, testimonianze alessandrine o italiche), non altrettanto sembra potersi affermare per la coda.

[90] La data corrisponde al momento dell'invasione persiana, che poté forse arrecare danneggiamenti al monastero. La monetazione proveniente dalla chiesa offre come attestazione numismatica più tardiva una moneta dell'imperatore Eraclio datata al 612/613 d.C. (cfr. MAGEN – TALGAM 1990, p. 93). Successivamente, nell'VIII secolo d.C. in base ai dati numismatici, ad un'iscrizione e all'analisi dei materiali ceramici, si installò al centro del complesso monasteriale, probabilmente in disuso, una farmacia dove è stata rinvenuta la moneta più recente di tutto il sito (750 d.C.), appartenente al periodo omayyade (cfr. MAGEN – TALGAM 1990, pp. 93, 106).

[91] Esso può essere considerato come *terminus ante quem* per la stesura dei pavimenti musivi (cfr. MAGEN – TALGAM 1990, pp. 91-93).

[92] Si veda *CIIP* I, 2, p. 155, n. 837, figg. 837.1-837.2.

[93] Cfr. BAGATTI 1956, p. 270. La scheda del *CIIP* relativa all'iscrizione non propone in questo caso nessuna datazione (cfr. *CIIP* I, 2, pp. 304-305, figg. 295.1-295.2).

[94] Cfr. *Décor* I, tav. 73f.

[95] Si veda sopra, ntt. 87, 93.

[96] Cfr. *Décor* I, tav. 73f.

[97] Cfr. *Décor* I, tav. 72d.

[98] Cfr. *Décor* I, tav. 153a. Per una più ampia discussione sulle composizioni a *scuta* incrociati con terminazione curvilinea tra V e VIII secolo d.C. si veda MASSARA 2011, pp. 13-20.

nastero di *Martyrius* a Ma'ale Adummim[99] (fig. 45), datato al terzo quarto del VI secolo d.C.[100]

La "Grande cappella" del medesimo monastero di Martyrios, poi, presenta un pavimento bipartito, nel quale la parte corrispondente all'altare è decorata da file parallele di foglie cuoriformi alternate a cerchietti, variante del medesimo schema, che si trova impiegato, oltre che nell'Oratorio[101], nella navata della Cappella ad esso adiacente (ambiente A)[102] (fig. 46). La parte absidata è invece abbellita da un punteggiato di fiorellini[103], il medesimo utilizzato per il pavimento dell'ambiente C (fig. 47) al *Dominus Flevit* e per il bema della chiesa di San Tommaso a Khirbat Sa'ad, datata tra il 572 e 573 d.C. [104].

---

[99] Cfr. Magen – Talgam 1990, p. 124, fig. 40.

[100] Cfr. Magen – Talgam 1990, p. 109.

[101] Si veda sopra, nt. 77.

[102] Un confronto più puntuale, in questo caso, è quello del mosaico C del pavimento portato alla luce durante gli scavi presso la chiesa di Santa Maria Probatica a Gerusalemme (per la cronologia e la bibliografia, si veda sopra, ntt. 68-70).

[103] Si veda sopra, nt. 76.

[104] Cfr. Michel 2001, pp. 222-223, fig. 197. Per la datazione della chiesa si veda anche sopra, nt. 53.

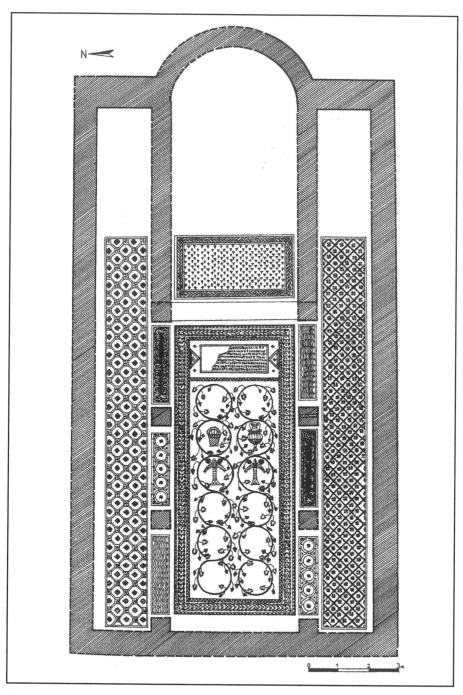

Fig. 37. Khirbar Saʿad. Chiesa di San Tommaso, pianta (da MICHEL 2001, fig. 197).

Fig. 38. Herodion. *Complesso delle chiese bizantine. Pavimento della chiesa settentrionale (da* OVADIAH *1987, tav. LXXXII).*

Fig. 39. Monte Nebo. Memoriale di Mosè. Pavimento del nuovo diaconicon *(da* PICCIRILLO *1989, p. 161).*

Fig. 40. Gerusalemme. Chiesa di Santa Maria Probatica, dettaglio del pavimento più recente (da DAUPHIN *2011, Fig. 71).*

Fig. 41. Gerusalemme. Chiesa di Santa Maria Probatica, dettaglio del pavimento più antico (da DAUPHIN 2011, quarta pagina di copertina).

Fig. 42. Gerusalemme. Proprietà russa. Pavimento del "Reverendo Giacomo" (da Jérusalem Nouvelle *1914, vol. II, tav. XLIII/2).*

Fig. 43. Gerusalemme. Proprietà russa. Pavimento della "Beata Susanna" (da Jérusalem Nouvelle *1914, vol. II, tav. XLIII/1).*

Fig. 44. Gerusalemme. Monte degli Ulivi, Santuario del Dominus Flevit. Pavimento della Cappella. Particolare della

Fig. 45. Ma'ale Adummim. Pavimento della chiesa centrale del monastero di Martyrios. *Dettaglio della cornice (da* MAGEN – TALGAM 1990, *fig. 40).*

Fig. 46. Gerusalemme. Monte degli Ulivi, Santuario del Dominus Flevit. *Pavimento della Cappella, navata (SBFMuseum. A.F., DF – A, n. 58).*

Fig. 47. Gerusalemme. Monte degli Ulivi, Santuario del Dominus Flevit. *Pavimento dell'ambiente C (SBFMuseum. A.F., DF – A, n. 65).*

III. Conclusioni

Orizzonte cronologico

a) Dati di scavo

Nonostante l'esiguità dei dati di scavo, le notizie pubblicate, le piante e le fotografie a disposizione permettono, ad ogni modo, di fare alcune considerazioni utili a definire l'orizzonte cronologico.

Innanzitutto va notato che l'Oratorio presenta una pianta rettangolare allungata, che sembra interrompere il corridoio E (fig. 2); la parete settentrionale, infatti, sembra sfruttare come limite occidentale il pilastro d'angolo del chiostro D, rispetto al quale, perciò, sarebbe successiva[105].

Per quanto riguarda invece il materiale recuperato durante lo scavo dell'Oratorio, esso è rimasto non studiato. Non è chiaro poi se i reperti recuperati dal terreno al di sopra del mosaico, che – da come Padre Bagatti ne parla – daterebbero dal VI fino all'VIII/IX secolo d.C. [106], siano stati trovati mischiati insieme o secondo una più precisa successione stratigrafica. Anche del materiale proveniente dallo strato al di sotto del mosaico strappato[107] (frammenti di ceramica comune, terra sigillata, ceramica sovradipinta e vetri) manca uno studio puntuale ed esso viene solo genericamente collocato nel periodo bizantino, senza ulteriore precisazione della cronologia[108]. Nonostante tale situazione, che non ci offre alcun dato, sembrerebbe accettabile una datazione ancora in età bizantina.

Infine, relativamente all'ipotesi di Padre Bagatti di porre la costruzione del monastero dopo l'invasione persiana[109], alla quale l'Autore del CIIP aderisce[110], bisogna ribadire quanto appena detto al punto precedente sullo studio del materiale di scavo. Per quanto concerne infine l'iscrizione musiva dell'ambiente S (Fr. 11), interpretato come cappella funeraria anteriore

---

[105] Riguardo al lacerto musivo ritrovato nelle immediate vicinanze della soglia, si veda sopra, con nt. 40.

[106] Cfr. BAGATTI 1956, pp. 254-255, fig. 8 (Padre Bagatti cita, infatti, oltre a un *«frammento di iscrizione su soglia»* anche *«tegoli e embrici, tessere musive grandi, (...) una giara per olio o vino grande e una piccola»*); CIIP I, 2, pp. 296-297, n. 916.

[107] Si veda sopra, nt. 41.

[108] Cfr. BAGATTI 1966, pp. 202, 211, 215, 217, fig. 10, nn. 10-11, fig. 13, n. 10, fig. 14, n. 20.

[109] Si veda sopra, ntt. 26, 51.

[110] Cfr. *CIIP* I, 2, pp. 139-140, 142.

alla costruzione del monastero perché datata tra V e inizio VI secolo d.C. al massimo[111], va osservato che il suo contenuto non ha necessariamente valore funerario; il riferimento all'entrare e all'uscire[112] e la sua posizione in un punto di passaggio suggerirebbero, invece, che possa trattarsi più semplicemente di una soglia del monastero[113]. Se tale interpretazione risultasse corretta, la datazione dell'epigrafe andrebbe a favore dell'innalzamento della data di fondazione del monastero stesso.

b) Dati epigrafici

I dati epigrafici, che potrebbero essere importanti, in realtà rimangono anch'essi incerti, come mostrano le proposte contraddittorie degli studiosi. Da una parte, infatti, Padre Joseph Tadeusz Milik[114] abbassa di molto la datazione della Cappella (ambiente A), perché legge Anastasia, anziché Anna come vorrebbe Padre Bagatti[115]; Padre Milik propone di conseguenza la messa in opera del pavimento della Cappella attorno al 675 d.C.[116] e quella dell'Oratorio tra fine VII-inizio VIII secolo d.C.[117], in quanto considera l'epigrafe presente nel pavimento di quest'ultimo posteriore a quella della Cappella in base allo stile con cui sono disegnate le lettere, più eleganti e raffinate. Dall'altra parte, Padre Bagatti ritiene, invece, che il promotore della costruzione dei due ambienti (Cappella e Oratorio) potrebbe essere lo stesso, ovvero il Simeone menzionato nel mosaico dell'Oratorio[118].

Non potendo più verificare eventuali differenze di livello tra il pavimento della Cappella e quello dell'Oratorio, risulta difficile valutare quale dei due studiosi abbia ragione, vista anche la situazione dello studio dei materiali sopra descritta. Rimarrebbe come ultimo criterio di datazione, abbastanza relativo, lo stile delle lettere che, purtroppo, non viene discusso

---

[111] Cfr. *CIIP* I, 2, p. 142.

[112] Si veda il commento sopra, con nt. 15.

[113] Si veda il commento sopra, con nt. 17.

[114] Cfr. MILIK 1960, p. 554. Questa stessa datazione viene riportata anche nel *CIIP* (cfr. *CIIP* I, 2, pp. 138-140, n. 824, fig. 824).

[115] Si tratta di Anna la profetessa (cfr. BAGATTI 1956, p. 244) e non di Sant'Anna madre di Maria (alla quale, effettivamente, non sono note chiese dedicate prima del periodo crociato, cfr. *CIIP* I, 2, p. 140).

[116] Per le osservazioni dettagliate portate a sostegno di questa tesi, si veda MILIK 1960, pp. 550-591, in particolare p. 554.

[117] Cfr. *CIIP* I, 2, p. 142.

[118] Cfr. BAGATTI 1956, p. 244. Si veda il testo dell'epigrafe riportato a nt. 38.

a fondo nelle recenti schede edite nel CIIP[119]; anche questi dati, perciò, non possono essere considerati dirimenti.

c) Dati iconografici

In base ai confronti iconografici trovati[120] sia per il campo sia per la cornice sia per i riempitivi, l'orizzonte cronologico appare piuttosto essere quello di fine VI-inizio VII secolo d.C. Degli esempi presentati, molto interessanti sono risultati quelli di due pavimenti musivi della vicina proprietà russa, rispettivamente dedicati alla "Beata Susanna" (fig. 43) e al "Reverendo Giacomo"[121] (fig. 42). Genericamente collocati alla fine del VI secolo d.C.[122], sono stati recentemente ripresi in considerazione, con una parziale ridefinizione della cronologia dell'epigrafe del "Reverendo Giacomo", con proposta di datazione tra il periodo tardo bizantino e il primo periodo islamico, ovvero tra fine del VI e la prima metà del VII secolo d.C.[123].

In conclusione, i dati fin qui raccolti suggerirebbero per il mosaico dell'Oratorio, "frutto dell'offerta di Simeone", un'ipotesi di datazione tra la fine del VI e l'inizio del VII secolo d.C.

Orizzonte artistico

Nel mosaico "di Simeone" dell'Oratorio al *Dominus Flevit* sono messi insieme diversi elementi decorativi che rimandano in gran parte alla temperie culturale e artistica propria di ambito siro-palestinese. La decorazione del campo, infatti, sebbene trovi pochi confronti puntuali, tuttavia rispecchia una preferenza abbondantemente attestata per i cerchi e i quadrati annodati, impiegati, per esempio, nel motivo decorativo del pavimento del "Reverendo Giacomo" (fig. 42). Proprio quest'ultimo schema trova ampie attestazioni nelle province romane di *Arabia*, *Palaestina Prima*, *Palaestina*

---

[119] Per i riferimenti bibliografici si veda sopra, ntt. 38, 114.

[120] Per i quali si veda sopra il commento dedicato.

[121] Si veda il commento sopra, con ntt. 85, 87.

[122] Cfr. BAGATTI 1956, p. 270.

[123] Cfr. *CIIP* I, 2, p. 155. Per l'epigrafe della "Beata Susanna" non viene fatta alcuna proposta di datazione, ma ci si limita ad osservare che è la prima menzione di un mese armeno utilizzato in un'iscrizione (cfr. *CIIP* I, 2, p. 305).

Secunda e *Palaestina Salutaris* tra V e VIII secolo d.C.[124]. Il bordo stesso si inserisce perfettamente, proprio per la sua originalità, nella consuetudine tipica di quest'area – in particolare tra VI e VII secolo d.C. – di diversificare, verosimilmente secondo un criterio che rispecchiava i gusti dell'epoca, il motivo riempitivo degli spazi di risulta. I riempitivi figurati che ornano il campo, infine, appaiono essere propriamente quelli diffusi, ancora una volta, negli attuali territori di Siria, Giordania, Israele, West Bank e Gaza, in particolare nella stessa Gerusalemme[125] e in edifici giordani[126].

Sebbene per le province di *Palaestina Prima, Palaestina Secunda* e *Palaestina Salutaris* non si possa allo stato attuale delle conoscenze parlare di "scuole" di mosaicisti, sono state distinte nel territorio diverse botteghe tra le quali quelle di Gaza, Shiqmona, Gerusalemme, Sepphoris e Bet Shean, operanti tra il V e l'VIII secolo d.C., che sembrano dipendere strettamente da maestranze antiochene e costantinopolitane[127]. Il mosaico dell'Oratorio al *Dominus Flevit* potrebbe essere pertanto riconosciuto come un raffinato prodotto di tale orizzonte artistico e culturale.

---

[124] Per citare solo alcuni casi: Umm al Rasas – Kastron Mefa, chiesa di Santo Stefano, VIII secolo d.C. (cfr. PICCIRILLO 1993, pp. 238-239, fig. 345); Gerico, navata della sinagoga, fine VI-inizio VII secolo d.C. (cfr. OVADIAH 1987, pp. 75-76, tav. XCII/1); Kafr Kama, cappella settentrionale, secondo quarto del VI secolo d.C. (cfr. OVADIAH 1987, pp. 88-89, tav. CI/3-4); Gerusalemme, Porta di Damasco, cappella funeraria (?) con mosaico di Orfeo, VI secolo d.C. (cfr. HACHLILI 2009, pp. 76-77, tav. IV.5/b); Gerusalemme, chiesa bizantina nel quartiere di Sa'd wa Sa'id (cfr. AVI YONAH 1933, n. 151); Gerusalemme, quartiere di Musrara, V-VII secolo d.C. (cfr. AVI YONAH 1933, p. 173, n. 133); Gerusalemme, Kh. Umm Jarrar, metà del VI secolo d.C. (cfr. AVI YONAH 1934, n. 250).

[125] Si vedano gli esempi di Santa Maria Probatica e della proprietà russa ("Reverendo Giacomo" e "Beata Susanna"), già citati sopra, figg. 39, 41-42.

[126] Si veda PICCIRILLO 1993.

[127] Sull'argomento – non ancora del tutto sviluppato – si vedano da ultimo, con bibliografia precedente, OVADIAH 2004 e HACHLILI 2009, in particolare la p. 244. Delle "botteghe" presenti a Gerusalemme viene fatta solo menzione, senza un approfondimento specifico o altra bibliografia di riferimento (cfr. OVADIAH 2004, p. 93).

Abbreviazioni bibliografiche

AISCOM 2010
    C. Angelelli – C. Salvetti (a cura di), *Atti del XV Colloquio dell'Associazione Italiana per lo Studio e la Conservazione del Mosaico* (Aquileia 2009), Tivoli 2010.

ALLIATA – BIANCHI 1998
    E. Alliata – S. Bianchi, *The architectural phasing of the memorial of Moses*, in *Mount Nebo* 1998, pp. 150-191.

Art in Eretz Israel 2004
    S. Mucznik – A. Ovadiah – Y. Turnheim (a cura di), *Art in Eretz Israel in late antiquity*, Tel Aviv 2004.

AVIAM 1990
    M. Aviam, *Horvath Hesheq - A unique Church in Upper Galilee: preliminary report*, in *Christian Archaeology* 1990, pp. 351-377.

AVI-YONAH 1933,
    M. Avi-Yonah, *Mosaic pavements in Palestine*, in *The Quarterly of the Department of Antiquities in Palestine* 2, 1933, pp. 136-163.

AVI-YONAH 1934,
    M. Avi-Yonah, *Mosaic pavements in Palestine*, in *The Quarterly of the Department of Antiquities in Palestine* 3, 1934, pp. 136-163.

AVI-YONAH 1960
    M. Avi-Yonah, *Israel ancient mosaics*, New York 1960.

AVI-YONAH 1975
    M. Avi-Yonah, *Ancient mosaics*, London 1975

BAGATTI 1954
    B. Bagatti, *Nuovi scavi al "Dominus Flevit" (Monte Oliveto-Gerusalemme)*, in *Liber Annuus* 4, 1954, pp. 247-259.

BAGATTI 1956
    B. Bagatti, *Scavo di un monastero al "Dominus Flevit"*, in *Liber Annuus* 6, 1955-1956, pp. 240-270.

BAGATTI 1969
    B. Bagatti, *Nuovi apporti archeologici al "Dominus Flevit" (Oliveto)*, in *Liber Annuus* 19, 1969, pp. 194-236.

BALTY 1955
    J. Balty, *Mosaïques antiques du Proche-Orient. Chronologie, iconographie, interprétation*, Paris 1955.

BALTY 1977
    J. Balty, *Mosaïques antiques de Syrie*, Bruxelles 1977.

BALTY 1986
    J. Balty, *Mosaïques d'Apamée*, Bruxelles 1986.

BALTY 1997
    J. Balty, *Mosaique et architecture domestique dans l'Apamée de Ve et VIe siècles*, in S. Isager – B. Poulsen (a cura di), *Patron and pavements in late antiquity*, Odense 1997, pp. 84-110.

BAUMANN 1999
    P. Baumann, *Spätantike Stifter im Heiligen Land. Darstellungen und Inschriften auf Bodenmosaiken in Kirchen, Synagogen und Privathäusern*, Wiesbaden 1999.

BECKER – KONDOLEON 2005
    L. Becker – C. Kondoleon, *The arts of Antioch. Art historical and scientific approaches to Roman mosaics and a Catalogue of the Worcester Art Museum Antioch Collection*, Worcester 2005.

BONFIOLI 1959
    M. Bonfioli, *Syriac-Palestinian Mosaics in connection with the decorations of the Mosques at Jerusalem and Damascus*, in *East and West. New series* 10, 1959, pp. 57-76.

Christian Archaeology 1990
    G. C. Bottini – L. Di Segni – E. Alliata (a cura di), *Christian Archaeology in the Holy Land. New discoveries. Essays in honour of Virgilio C. Corbo, OFM*, Jerusalem 1990.

CIIP
    Corpus Inscriptionum Iudaeae/Palaestinae.

CIMOK 1999
    F. Cimok, *Antioch mosaics*, Istanbul 1999.

DAUPHIN 2005
    C. Dauphin, *Ste-Marie de la Probatique à Jérusalem (territoire français). Mosaïques de pavement, stratigraphie architecturale et histoire événementielle*, in H. Morlier (a cura di), *La Mosaïque Gréco-Romaine IX. Actes du IX Colloque International pour l'étude de la Mosaïque Antique et Médiévale* (Roma, 5-10 novembre 2001), Rome 2005, pp. 247-261.

DAUPHIN 2011
    C. Dauphin, *Destruction - reconstruction: la Probatique, de l'invasion perse au califat abbasside*, in *Proche Orient Chrétien* (numéro spécial - 2011), Jerusalem 2011, pp. 135-180.

DAVID 2001
    M. David, *Le botteghe dei pavimentari di fronte al problema del restauro dei mosaici. L'esempio di Ostia*, in D. Paunier – C. Schmidt (a cura di), *La Mosaïque Gréco-Romaine VIII. Actes du VIII Colloque Internacional pour l'étude de la Mosaïque Antique et Médiévale* (Lausanne, 6-11 octobre 1997), Lausanne 2001, pp. 406-419.

DAVID 2003
    M. David, *La manutenzione dei pavimenti a mosaico in epoca romana*, in *Le integrazioni* 2003, pp. 65-72.

Décor I
    C. Balmelle *et alii* (a cura di), *Le décor géométrique de la mosaïque romaine. Réper-toire graphique et descriptif des compositions linéaires et isotropes*, Paris 1985.

Décor II
    C. Balmelle *et alii* (a cura di), *Le décor géométrique de la mosaïque romaine. Réper-toire graphique et descriptif des décors centrés*, Paris 2002.

DI SEGNI 1990
    L. Di Segni, *The Monastery of* Martyrius *at Ma'ale Adummim (Khirbet el-Mussaras): the inscriptions*, in *Christian Archaeology* 1990, pp. 153-163.

DONCEEL-VOUTE 1988
    P. Donceel-Voûte, *Les pavements des églises byzantines de la Syrie et du Liban. Décor, archéologie et liturgie*, Louvain-la-Neuve 1988.

DONCEEL-VOUTE 1994
    P. Donceel-Voute, *Le VIIe siécle dans les mosaïques du Proche Orient*, in C. M. Batalla (a cura di), *VI Coloquio Internacional sobre Mosaic Antiguo* (Palencia-Mérida, octubre 1990), Guadalajara 1994, pp. 207-220.

GITLER 1998
    H. Gitler, *The coins*, in M*o*unt Nebo 1998, pp. 550-567.

GRANDI – GUIDOBALDI 2006
    M. Grandi – F. Guidobaldi, *Proposta di classificazione dei cementizi e mosaici omoge-nei ed eterogenei*, in *Atti dell'Associazione Italiana per lo Studio e la Conservazione del Mosaico XI* (Ancona, 16-19 febbraio 2005), Tivoli 2006, pp. 31-38.

HACHLILI 2009
    R. Hachlili, *Ancient mosaic pavements. Themes, issues, and trends. Selected studies*, Boston 2009.

HIRSCHFELD 1985
    Y. Hirschfeld, *Archaeological Survey of Israel. Map of* Herodium *(108/2)*, Jerusalem 1985.

HIRSCHFELD 1992
    Y. Hirschfeld, *The Judean Desert Monasteries in the Byzantine Period*, New Haven-London 1992.

Jérusalem Nouvelle 1914
    H. Vincent – F. M. Abel (a cura di), *Jérusalem Nouvelle*, Paris 1914.

KITZINGER 1965
    E. Kitzinger, *Israeli mosaics of the Byzantine period*, New York 1965.

Le integrazioni 2003
    E. Foschi – A. Lugari – P. Racagni (a cura di), *Le integrazioni delle lacune nel mosaico. Atti dell'Incontro di Studio Tematico* (Bologna, 15 aprile 2002), Firenze 2003.

Levi 1947
D. Levi, *Antioch mosaics pavements*, London 1947.

Magen 1993
Y. Magen, *The Monastery of* Martyrius *at Ma'ale Adummim*, Jerusalem 1993.

Magen – Talgam 1990
Y. Magen – R. Talgam, *The Monastery of* Martyrius *at Ma'ale Adummim (Khirbet el-Murassas) and its mosaics*, in *Christian Archaeology* 1990, pp. 91-152.

Massara 2011
D. Massara, *Lo schema degli scuta incrociati nel mosaico romano e il caso di Desenzano*, in *Lanx. Rivista della Scuola di Specializzazione in Archeologia dell'Università degli Studi di Milano* 8, 2011, pp. 1-41.

Michel 2001
A. Michel, *Les églises d'époque byzantine et umayyade de la Jordanie (Provinces d'Arabie et de Palestine), Ve-VIIIe siècle. Typologie architectural et aménagements liturgiques (avec catalogue des monuments)*, Turnhout 2001.

Millik 1960
J. T. Milik, *Notes d'épigraphie et de topographie palestiniennes. IX. – Sanctuaries chrétiens de Jérusalem a l'époque arabe (VIIe – Xe siècles)*, in *Revue Biblique* 67, 1960, pp. 550-591, tavv. XXVIII-XXXII.

Mount Nebo 1998
M. Piccirillo, E. Alliata (a cura di), *Mount Nebo. New archaeological excavations 1967-1997*, Jerusalem 1998.

Netzer 1990
E. Netzer, *The byzantine churches of* Herodion, in *Christian Archaeology* 1990, pp. 165-176.

Ognibene 2002
S. Ognibene, *La chiesa di Santo Stefano ad Umm al-Rasas. Il problema iconofobico*, Roma 2002.

Ovadiah 1970
A. Ovadiah, *Corpus of the Byzantine churches in the Holy Land*, Bonn 1970.

Ovadiah 1987
R. Ovadiah – A. Ovadiah, *Mosaic Pavements in Israel*, Rome 1987.

Ovadiah 2004
A. Ovadiah, *Artisans and Workshop in Ancient Mosaic Pavements in Israel*, in *Art in Eretz Israel* 2004, pp. 85-96.

Patrich 1994
J. Patrich, *Archaeological Survey in Judea and Samaria. Map of Deir Mar Saba (109/7)*, Jerusalem 1994.

PATRICH 1995
J. Patrich, *Sabas, leader of Palestinian Monasticism. A comparative study in Eastern Monasticism, Fourth to Seventh Centuries*, Washington D.C. 1995.

PICCIRILLO 1989
M. Piccirillo, *Madaba. Le chiese e i mosaici*, Cinisello Balsamo 1989.

PICCIRILLO 1993
M. Piccirillo, *The mosaics of Jordan*, Amman 1993.

PICCIRILLO 1998
M. Piccirillo, *The mosaics*, in *Mount Nebo* 1998, pp. 265-371.

PICCIRILLO – ALLIATA 1994
M. Piccirillo – E. Alliata, *Umm al-Rasas Mayfa'ah I. Gli scavi del complesso archeologico di Santo Stefano*, Gerusalemme 1994.

Progetti di recupero 2007
G. Meli (a cura di), *Progetti di recupero e conservazione della villa romana del Casale di Piazza Armerina*, Palermo 2007.

RACAGNI 2003
P. Racagni, *Integrazione delle lacune tra '800 e '900*, in *Le integrazioni* 2003, pp. 39-47.

Sabastiya 2011
C. Benelli – O. Hamdan (a cura di), *Sabastiya. I frutti della storia e la memoria di Giovanni Battista*, Catalogo della mostra (Milano 2011), Rimini 2011.

SALLER 1946
S. Saller, *Discoveries at St John's, 'Ein Karim, 1941-1942*, Jerusalem 1946.

SALLER 1957
S. Saller, *Excavations at Bethany (1949-1953)*, Jerusalem 1957.

SALLER 1972
S. Saller, *The Byzantine Chapel found at Bethlehem in 1962*, in *Liber Annuus* 22, 1972, pp. 153-168.